# Cómo testificar a sus amigos católicos

# Cómo testificar a sus amigos católicos

## Daniel R. Sánchez

Traducido por
**Adelina de Almanza**

**CASA BAUTISTA DE PUBLICACIONES**

# CASA BAUTISTA DE PUBLICACIONES

Apartado Postal 4255, El Paso, TX 79914 EE. UU. de A.

www.casabautista.org

**Agencias de Distribución**

**CBP ARGENTINA:** Rivadavia 3474, 1203 Buenos Aires. **BOLIVIA:** Casilla 2516, Santa Cruz. **COLOMBIA:** Apartado Aéreo 55294, Bogotá 2, D.C. **COSTA RICA:** Apartado 285, San Pedro Montes de Oca, San José. **CHILE:** Casilla 1253, Santiago. **ECUADOR:** Casilla 3236, Guayaquil. **EL SALVADOR:** Av. Los Andes No. J-14, Col. Miramonte, San Salvador. **ESPAÑA:** Padre Méndez #142-B, 46900 Torrente, Valencia. **ESTADOS UNIDOS: CBP USA:** 7000 Alabama, El Paso, TX 79904, Tel.: (915)566-9656, Fax: (915)565-9008, 1-800-755-5958; 960 Chelsea Street, El Paso TX 79903, Tel.: (915)778-9191; 4300 Montana, El Paso, TX 79903, Tel.: (915)565-6215, Fax: (915)565-1722, (915)751-4228, 1-800-726-8432; 312 N. Azusa Ave., Azusa, CA 91702, Tel.: 1-800-321-6633, Fax: (818)334-5842; 1360 N.W. 88th Ave., Miami, FL 33172, Tel.: (305)592-6136, Fax: (305)592-0087; 647 4th. Ave., Brooklyn, N.Y. Tel. (718)788-2484; **CBP MIAMI** 12020 N.W. 40th Street, Suite 103 B, Coral Springs, FL, 33065, Fax: (954)754-9944, Tel. (954)757-9800. **GUATEMALA:** Apartado 1135, Guatemala 01901. **HONDURAS:** Apartado 279, Tegucigalpa. **MEXICO: CBP MEXICO:** Vizcaínas Ote. 16, Col. Centro, 06080 México, D.F.; Madero 62, Col. Centro, 06000 México, D.F., Independencia 36-B, Col. Centro, 06050 México, D.F., Félix U. Gómez 302 Nte. Monterrey, N. L. **NICARAGUA:** Módulo 29 A, Centro Comercial Nejapa, Managua. **PANAMA:** Apartado E Balboa, Ancon. **PARAGUAY:** Casilla 1415, Asunción. **PERU:** Apartado 3177, Lima. **PUERTO RICO:** Calle 13 S.O. #824, Capparra Terrace; Calle San Alejandro 1825, Urb. San Ignacio, Río Piedras. **REPUBLICA DOMINICANA:** Apartado 880, Santo Domingo. **URUGUAY:** Casilla 14052, Montevideo 11700. **VENEZUELA:** Apartado 3653, El Trigal 2002 A, Valencia, Edo. Carabobo.

Ediciones: 1996

Segunda edición: 1998

Clasificación Decimal Dewey: 269.2

Temas: 1. Católicos, obra de evangelización
2. Obra de evangelización

ISBN: 0-311-13858-6

C.B.P. Art. No. 13858

2.5 M 6 98

Printed in U.S.A.

# Contenido

# Cómo testificar a sus amigos católicos

El título de este curso indudablemente despertará algunos interrogantes. ¿Por qué debemos testificar a nuestros amigos católicos? El fundamento de este curso es que necesitamos compartir nuestra fe con todos para que puedan experimentar el nuevo nacimiento (ver Juan 3:3) y ser seguidores de Jesucristo (ver Mateo 28:19, 20).

Hay otros cursos que capacitan a los cristianos evangélicos a compartir su fe con diferentes grupos religiosos. El propósito de este curso es capacitar a los cristianos evangélicos para que testifiquen a la gente de un trasfondo católico romano que no ha experimentado el nuevo nacimiento y que no tiene una relación personal y viva con Jesucristo.

¿Qué necesitamos saber para testificar a nuestros amigos católicos? Este breve curso considerará las doctrinas principales, los factores culturales pertinentes y los aspectos históricos relevantes que nos capacitarán para testificar a los católicos romanos de una manera informada y adecuada.

El curso consiste de estudios bíblicos, actividades del grupo, e instrucción práctica. El objetivo será no sólo impartir información, sino también equipar a los cristianos evangélicos para testificar.

El curso está dividido en cinco sesiones:

**Primera Sesión:** Preparémonos para compartir nuestra fe (Parte 1)

**Segunda Sesión:** Preparémonos para compartir nuestra fe (Parte 2)

**Tercera Sesión:** Compartamos nuestra fe (Parte 1)

**Cuarta Sesión:** Compartamos nuestra fe (Parte 2)

**Quinta Sesión:** Estudio bíblico continuo: El discipulado de los nuevos creyentes

# Instrucciones para estudiar este libro

Hay diferentes maneras de estudiar este libro:

**I. Formato individual**
A. Lea cada estudio bíblico
B. Repase las actividades de grupo
C. Estudie la instrucción práctica

**II. Formato de clases**
Cinco sesiones (1 y 1/2 horas cada una)
A. Estudio bíblico: 20 minutos
B. Actividad de grupo: 30 minutos
C. Instrucción práctica: 40 minutos

**III. Formato de curso de discipulado**
Diez sesiones (50 minutos cada una)
A. Estudio bíblico y actividad de grupo: 25 minutos
B. Instrucción práctica: 25 minutos

**IV. Formato combinado de culto de adoración y curso de discipulado**
A. Use los estudios bíblicos como bosquejos para los sermones
B. Use el formato de curso de discipulado para el otro material

**V. Formato de retiro**
Tres sesiones de cinco horas en total (una de dos horas el viernes a la noche, y una de tres horas el sábado a la mañana)
A. Actividad de grupo: 20 minutos
B. Instrucción práctica: 40 minutos

# PRIMERA SESION

## Preparémonos para compartir nuestra fe (Parte 1)

### Objetivo
Preparar a los participantes del curso para compartir su fe dando atención a las oportunidades, desafíos y actitudes relacionados con esta tarea.

### Estudio bíblico
*Jesús y la mujer samaritana (Juan 4)*

## I. Método empleado por Jesús

*Introducción:* El diálogo que Jesús sostuvo con la mujer samaritana contiene lecciones valiosas que pueden ayudar a los cristianos a saber cómo compartir su fe con aquellos que no han experimentado el nuevo nacimiento y que tienen preguntas acerca de su relación con Dios. Al analizar este diálogo, descubrimos que Jesús:

### A. Cultivó la amistad (Juan 4:7)
*1. Saliéndose geográficamente de su camino acostumbrado.*
Juan 4:4 dice de Jesús: "Y le era necesario pasar por Samaria." Muchos judíos rodeaban Samaria al ir hacia Galilea. La declaración de que a Jesús "le era necesario pasar por Samaria" habla más de su dedicación que de una necesidad geográfica.

*2. Saliéndose socialmente de las costumbres de su cultura.* La mujer samaritana se asombró de que Jesús le dirigiera la palabra. No era la costumbre que un rabino hablara con una mujer en público. Además, como lo hace notar Juan (ver Juan 4:9), no era una práctica aceptada por los judíos tener contacto social con los samaritanos. El comentario de Juan es demasiado suave; los judíos y los samaritanos se odiaban entre sí (ver Neh. 4; Esd. 4). A pesar de esto, Jesús estuvo dispuesto a salirse de su camino, socialmente hablando, para testificar a la mujer samaritana.

*3. Aplicación.* Si hemos de seguir el ejemplo de Jesús y testificar a aquellos que tienen preguntas serias acerca de su relación con Dios, debemos cultivar amistades. Las amistades pueden llegar a ser el puente para desvanecer sospechas, temores y dudas.

### B. Creó un interés (Juan 4:7)

*1. Partiendo de una necesidad existente,* Jesús logró llevar el interés de la mujer samaritana hacia los asuntos espirituales. Jesús comenzó con una necesidad que ella tenía. La mujer samaritana había venido a sacar agua del pozo, así que Jesús empezó a hablar con ella sobre el agua física.

*2. Estableciendo una relación de esto con las necesidades espirituales,* él pasó a hablar sobre el agua espiritual. Al hablar a ella sobre el agua viva, empezó a vislumbrarse una nueva posibilidad para ella: podía saciar la sed de su alma y experimentar una clase de vida diferente.

*3. Aplicación.* Al igual que Jesús, nosotros podemos despertar en las personas un interés por el evangelio, comenzando con las necesidades que ellos experimentan. Los psicólogos nos dicen que algunas de las necesidades básicas de los seres humanos son: (1) amar y ser amados (2) sentirse seguros (3) vencer un sentido de culpa y (4) tener seguridad acerca del futuro.

Al cultivar amistades estamos más capacitados para crear en las personas un interés en los asuntos espirituales, mostrándoles que Jesús puede hacer una diferencia en sus vidas. Una manera de hacer esto es compartir nuestros testimonios sobre la diferencia que Jesús ha hecho en nuestras propias vidas.

### C. Comprendió la situación de ella

*1. Jesús no condenó a la mujer samaritana.* Cuando ella dijo que no tenía marido, Jesús la confrontó con la historia triste de su vida. Cinco veces había buscado la felicidad, sólo para terminar en desilusión y desesperanza. Jesús no aprobaba su estilo de vida, pero debe de haber habido un tono de compasión en su voz; de otra manera ella no habría regresado.

*2. Jesús encontró algo positivo que decir en cuanto a ella.* "Esto has dicho con verdad" (Juan 4:18). Habiendo despertado en ella el interés en un estilo de vida nuevo, Jesús mantuvo el diálogo en un tono positivo. Al percibir que Jesús estaba dispuesto a ver lo mejor en ella, la mujer continuó escuchando.

*3. Aplicación.* Estamos en mejor posición de testificar a los no creyentes si evitamos un espíritu de condenación. Aunque quizá no estemos de acuerdo con sus estilos de vida, no podemos esperar que actúen como cristianos nacidos de nuevo hasta que realmente lo sean.

### D. Se concentró en lo que era esencial para la salvación

*1. Jesús evitó discutir de religión.* Los samaritanos estaban equivocados en varios conceptos religiosos. Ellos sólo aceptaban los primeros cinco libros del Antiguo Testamento. También creían que Abraham había ofrecido a Isaac en la montaña de ellos (Gerizim) y no en (Sion— Jerusalén). Jesús, sin embargo, no perdió el tiempo tratando de explicar a la mujer samaritana cada punto teológico antes de compartir con ella el evangelio.

*2. Jesús enfocó en la relación.* La mujer samaritana preguntó en cuál tradición religiosa debería Dios ser adorado (la de Sion o la de Gerizim). Jesús respondió que la relación es más importante que la religión: "...los verdaderos adoradores adorarán al Padre en espíritu y en verdad" (v. 23). Estos verdaderos adoradores son aquellos que tienen una relación espiritual con él.

*3. Aplicación.* Si hemos de seguir el ejemplo de Jesús, no perderemos el tiempo en discusiones sobre religión. Enfocaremos en las relaciones. Nuestra pregunta no debe ser: "¿A cuál religión pertenece usted?", sino: "¿Cuál es su relación personal con Jesús?"

## II. Grados de comprensión

### A. Comunicó el mensaje con paciencia

Al principio la mujer samaritana no entendía plenamente sobre lo que Jesús estaba hablando. Esto es evidente en el versículo 15 cuando ella dice: "Señor, dame esa agua, para que no tenga yo sed, ni venga aquí a sacarla." Ella todavía estaba pensando en el agua física. No fue sino hasta cuando ella dijo: "Cuando él [el Mesías] venga nos declarará todas las cosas", (v. 25) que Jesús dijo: "Yo soy, el que habla contigo" (v. 26). Los términos que ella usó para referirse a él fueron el indicativo para la manera en que el diálogo progresó.

*1. Primero,* ella lo llamó "judío" (v. 9).

*2. Luego,* se refirió a él como "Señor", lo que indica respeto (v. 11).

*3. Luego,* declaró: "...me parece que tú eres profeta" (v. 19).

*4. Finalmente,* ella se refirió a él como el "Cristo" (v. 29). Jesús fue paciente en su comunicación hacia ella hasta que ella pudo entender quién era él y las implicaciones de esto en su vida.

*B. Aplicación*

Las personas que no han crecido en un ambiente evangélico con frecuencia no entienden su necesidad de tener una relación personal con Jesucristo. Debemos comunicarles el mensaje pacientemente hasta que ellas puedan entender el plan de salvación.

## III. Conclusión—Repaso de los principios

• Debemos salir más allá de "nuestro camino" geográfica y socialmente si hemos de testificar con efectividad a los católicos romanos.

• Debemos crear en ellos un interés en los asuntos espirituales relacionándolos con necesidades experimentadas.

• Debemos evitar un espíritu de condenación para ayudar a las personas a ver lo que pueden llegar a ser a través de la gracia y el poder de Jesucristo.

• Debemos concentrarnos en lo que es esencial para la salvación.

• Debemos comunicarles pacientemente el mensaje permitiendo que el Espíritu Santo obre en la mente de las personas.

## Actividad de grupo

### I. Examen de actitudes

*Instrucciones:* Invite al grupo a participar en un juego de asociación de palabras. Que cada uno escriba el primer pensamiento que le venga a la mente cuando escucha las palabras:

**Mormones**
**Episcopales**
**Católicos**

Después de hacer esto, comparta con el grupo la información de la experiencia del autor o comparta la información de su propia experiencia. La verdad es que, aunque no estamos de acuerdo en cuanto a las doctrinas de esas personas, ellas tienen algunas cualidades y valores positivos que podemos usar como puentes de comunicación.

### A. Mormones

Cuando pienso en la palabra "mormón", pienso en una pariente mía que dedicó su vida entera a ayudar a su hijita, quien estaba severamente paralizada por la polio. Su hija es ahora una exitosa maestra de escuela. Esto no hubiera sucedido sin el amor y la dedicación de su madre.

### B. Episcopales

Cuando pienso en la palabra "episcopal", pienso en una ancianita que vivía en la ciudad donde yo servía como pastor mientras era estudiante de universidad. Aunque ella sufría una severa y dolorosa curvatura de la columna vertebral, encontró las fuerzas para dar clases de inglés conversacional a los inmigrantes. Su amor y su dedicación fueron de gran inspiración.

### C. Católicos

Cuando pienso en la palabra "católico", pienso en una mujer que vivía cerca de nuestra casa. Ella estuvo más cerca de nosotros que nuestros propios familiares durante la prolongada enfermedad y la muerte de nuestra hijita de dos años. Esta mujer sufrió casi tanto como mi esposa y yo por la muerte de nuestra hija.

No tiene que estar teológicamente de acuerdo con las

personas o comprometer sus convicciones para poder amar y ver lo mejor en las personas de otras religiones.

A través de su ministerio terrenal, Jesús se encontró con personas con las que no estaba de acuerdo en cuanto a su: (1) estilo de vida (la mujer samaritana); (2) teología (Nicodemo); o (3) sistema de valores (el joven rico). Sin embargo, es claro el hecho de que él los **amó**.

Por medio de sus palabras y su ejemplo, Jesús nos enseñó a:

• Amar a nuestros prójimos como a nosotros mismos— (Mat. 22:39)

• Ministrar a las necesidades de aquellos que son diferentes a nosotros (El buen samaritano)—(Lucas 10:30-37)

• Perdonar a otros—(Mateo 18:21, 22)

• Amar a nuestros enemigos y orar por aquellos que nos persiguen—(Mat. 5:43-48)

En el pasado, las relaciones entre los católicos y los cristianos evangélicos no han sido buenas. Hay dos razones por las cuales los cristianos evangélicos deben reexaminar sus actitudes hacia los católicos:

• Cristo nos manda amar a todos

• Algunos católicos están tratando de ser amistosos con los cristianos evangélicos.
El sacerdote católico Gerald Williams dice:

En el pasado los católicos no hemos tratado bien a otros cristianos. Los tratamos como cristianos dudosos con casi el mismo calor con el que tratamos a los comunistas. Tratamos a sus iglesias como si no lo fueran porque reconocíamos sólo una iglesia y una unidad, la unidad con Roma. A lo más que aspirábamos era a una coexistencia pacífica.[1]

Si hay espacio para que los católicos se arrepientan, ciertamente lo hay también para que se arrepientan los evangélicos. En el pasado, algunos han estado más interesados en probar que los católicos están equivocados que en guiarlos a un conocimiento personal y salvador de Cristo.

## II. Sugerencias prácticas

### A. Cosas que no se deben hacer
1. *No critique a la Iglesia Católica, sus doctrinas, sus prácticas o su gente.* Aun cuando usted sienta que sus argumentos tienen validez, criticar es contraproducente por dos razones: (1) No es en el espíritu de Cristo; (2) hará que las personas sean antagónicas.

2. *No ridiculice ninguna de las prácticas de la Iglesia Católica.* Algunos cristianos evangélicos son dados a burlarse de los sacramentos (imágenes, estatuas, crucifijos, etc.). Estas cosas son muy preciosas para los católicos.

3. *No sea negativo sólo porque está en desacuerdo con alguien.* Se puede discrepar sin ser desagradable.

### B. Cosas que sí se deben hacer
1. *Ame a sus amigos católicos.* Encuentre oportunidades para manifestar su amor en maneras prácticas.

2. *Ore con y por sus amigos católicos.* Muchos de ellos nunca han tenido la experiencia de que alguien ore por ellos por nombre. Mencione necesidades específicas. Diga:

---

[1] Gerald Williams, *Contemporary Catholic Catechism* (Des Plains, Ill.: FARE Inc., 1973), p. 96.

"Señor, te pido por     *(nombre)*     . Tú sabes que él *(o ella)* tiene esta necesidad     *(mencione la necesidad)*     y tú has prometido escuchar nuestras oraciones. Bendice a     *(nombre)* , y ayúdale."

*3. Vea lo mejor en ellos.* Cuando alguien le diga: "Yo soy católico", asegúrese de estar en la posición espiritual y emocional de poderle decir: "Me agrada mucho conocerle." Permita que el amor de Cristo fluya a través de usted. Recuerde que cada una de las personas con quien usted se encuentra, es una por la cual Cristo murió.

Podemos aprender del consejo que algunos líderes católicos romanos están dando a su gente. El sacerdote Williams dice:

> Debemos vivir vidas más santas al mismo tiempo que evitamos los prejuicios y la intolerancia del pasado. Los católicos deben evitar las expresiones, los juicios y las acciones que no representan, en verdad y justicia, la condición de nuestros hermanos separados.[2]

Por favor no me malinterprete en este punto. Usted no debe comprometer su doctrina de ninguna manera. Debe *hablar la verdad en amor* (vea Ef. 4:15). Estamos obligados a hablar la verdad. Debemos hacerlo en una manera que transmita el amor de Dios. Este amor nos lleva a ser pacientes, corteses y justos al evangelizar a nuestros amigos católicos.

## Instrucción práctica

### I. Nuestra oportunidad

Gracias al Segundo Concilio Vaticano (Vaticano II), ahora tenemos la mayor oportunidad que jamás haya

---

[2] Gerald Williams, *Contemporary Catholic Catechism* (Des Plains, Ill.: FARE Inc., 1973), p. 97.

habido de compartir nuestra fe con nuestros amigos católicos. Aquellos que no entienden las implicaciones del
Vaticano II, adoptan dos posturas extremas:

- "Nada ha cambiado, debemos ver a todos los católicos
  como nuestros adversarios."

- "Los cambios en el catolicismo son tan grandes que ya no
  necesitamos compartir nuestra fe con ellos."

Para evitar ambos extremos, consideremos el Vaticano II y
sus implicaciones.

### A. Segundo Concilio Vaticano (Vaticano II)

*1. ¿Qué fue el Segundo Concilio Vaticano?* Fue un concilio
ecuménico de todos los obispos del mundo Católico
Romano para considerar el estado de la iglesia, pronun-
ciarse contra la herejía y reglamentar todos los asuntos
concernientes a la fe, la moral y la disciplina de la iglesia.

*2. ¿Cuándo se celebró el Vaticano II?* En septiembre de
1962 el Papa Juan XXIII inauguró la primera sesión del
Vaticano II. El murió en junio de 1963. El Papa Pablo VI
convocó nuevamente al Concilio, el cual se clausuró en
diciembre de 1965.

*3. ¿Por qué se convocó el Vaticano II?* El Vaticano II fue
convocado para actualizar a la iglesia.[3]

### B. Cambios desde el Vaticano II

*1. ¿Qué es lo que no ha cambiado?*

    *a. Los dogmas.* Los dogmas son "enseñanzas oficiales
propuestas con tal solemnidad que su rechazo es equiva-
lente a la herejía, o sea la negación de algunas verdades de
fe que la Iglesia considera esenciales a esa fe."[4]

---

[3] Walter M. Abbott, *The Documents of Vatican II*, (New York: The
American Press, 1966), p. XVII

[4] Richard P. McBrien, *Catholicism* (San Francisco: Harper & Row
Publisher, 1981), p. 28.

- La misa— la forma de la misa cambió, pero su significado no.

- María—se le sigue considerando una mediadora (que media juntamente con Cristo) de todos los favores, y corredentora (es decir, que redime juntamente con Cristo) de la humanidad.[5]

- Otras doctrinas—el concepto sobre la salvación, la necesidad de buenas obras, la importancia de la tradición, los sacramentos, etc., no cambiaron.

*b. La jerarquía.* La estructura de la iglesia no ha cambiado. La Iglesia Católica enseña que "es gobernada por el sucesor de Pedro y por los obispos en unión con dicho sucesor."[6]

La suprema autoridad del Papa no ha cambiado. Si la doctrina sobre la autoridad y la infalibilidad del Papa cambiaran, la estructura completa del catolicismo se tendría que modificar.

*2. Lo que sí ha cambiado*

*a. La adoración.* La misa es oficiada en el idioma vernáculo; el sacerdote da la cara a la congregación; la congregación participa; se usa a los laicos en el servicio.

Se anima a los católicos a que participen con los protestantes en los cultos de adoración. "Unanse a los protestantes en la adoración formal religiosa. Ustedes pueden ser testigos en una boda protestante, siempre que las leyes de Dios y de la Iglesia Católica no sean violadas."[7]

La Biblia ha adquirido nueva importancia en los cultos católicos de adoración (liturgia): las lecciones de las Escrituras

---

[5] See Walter M. Abbot, *Documents of Vatican II* (Piscataway, N.J.: New Century Publishers, 1966), p. 91.

[6] Ibid., p. 25.

[7] Williams, *Contemporary Catholic Catechism*, p. 100.

están en el idioma del pueblo (vernáculo); los Salmos, ahora también en lengua vernácula, son los de la Biblia; muchas oraciones y cantos son bíblicos. La homilía que da el sacerdote o diácono es bíblica. El estudio y análisis de la Biblia han cobrado nueva importancia en la iglesia.[8]

*Implicaciones:*
- •Los católicos están teniendo mayor acceso a la Biblia durante la misa.

- • Hay más probabilidades de que los católicos asistan a un culto evangélico de adoración y menos probabilidad de que se sientan incómodos en él.

*b. Comunión.* Los cristianos evangélicos son ahora considerados "hermanos separados." Los documentos del Segundo Concilio Vaticano dicen: "Los hermanos que están separados de nosotros también llevan a cabo muchos de los actos sagrados de la religión cristiana."[9]

A los católicos se les insta a respetar y admirar las muchas virtudes de los protestantes. En su *Catecismo Católico Contemporáneo,* el sacerdote Gerald Williams dice:

Los protestantes miran a Cristo como la fuente y el centro de la unidad cristiana; sienten amor y devoción por las Sagradas Escrituras. Aunque creemos que ellos no han retenido la adecuada realidad del misterio de la Eucaristía en su plenitud, especialmente debido a la ausencia del sacramento de las órdenes, sin embargo, cuando conmemoran su muerte y resurrección en la cena del Señor, ellos profesan que significa vida en comunión con Cristo y anhelan su venida en gloria. Por otra parte, los católicos deben respetar la vida cristiana familiar de los protestantes, su sentido de justicia y verdadera caridad hacia sus prójimos... Los católicos deben unirse en oración y acción para el bien común de la humanidad.[10]

---

[8] Williams, *Contemporary Catholic Catechism,* p. 28.
[9] Abbott, *Documents of Vatican II,* p. 25.
[10] Williams, *Contemporary Catholic Catechism,* pp. 97-98.

*Implicación:*

- Los católicos que obedecen las enseñanzas del Vaticano II muestran una creciente disposición a tener comunión con los evangélicos cristianos.

*c. Participación de los laicos.* A los laicos se les ha dado mayor participación en el ministerio de la iglesia. El Catecismo Católico Contemporáneo dice:

El apostolado del laico se deriva de su vocación cristiana y la iglesia no puede privarse de él. Las Sagradas Escrituras claramente muestran cuán espontánea y fructífera fue tal actividad en los inicios de la iglesia. Nuestros tiempos actuales no requieren menos celo del laicado. De hecho, las condiciones modernas demandan que dicho apostolado sea completamente ampliado e intensificado.[11]

*d. La Biblia.* Los laicos están recibiendo mayor estímulo para leer la Biblia.

Después del Segundo Concilio Vaticano (1962-65), la Iglesia Católica ha dado mayor énfasis a la importancia de las Escrituras en la vida cristiana de sus miembros. Se insta, con mayor fuerza que antes, la lectura privada de las Escrituras.[12]

*Implicaciones:*

- Podemos, con mayor libertad, animar a los católicos a que lean su Biblia.

- El clima es mucho más conductivo para invitar a los católicos a participar en compañerismos bíblicos en hogares.

Mientras que los dogmas y la estructura de la iglesia no han cambiado, los cambios en la adoración, la comunión, la participación de los laicos y la lectura de la Biblia deben ser vistos como puertas abiertas que permiten a los cris-

---

[11] Williams, *Contemporary Catholic Catechism*, p. 129.
[12] Ibid., p. 22.

tianos evangélicos compartir su fe con los católicos romanos que no han tenido una experiencia personal de salvación en Jesucristo.

## II. Nuestro desafío

Nos anima el saber que desde el Vaticano II muchos católicos están buscando tener comunión con los cristianos evangélicos, están leyendo más la Biblia, y están siendo instados a respetar nuestra postura doctrinal. Esta ciertamente es una razón suficiente para sentirnos optimistas en cuanto a la posibilidad de guiar a nuestros amigos católicos a una salvación personal en Cristo. Sin embargo, no debemos cegarnos al hecho de que todavía existen barreras que vencer.[13]

### A. *Temor de perder la salvación eterna*

Por muchos siglos, la Iglesia Católica ha enseñado que fuera de la Iglesia Católica no hay salvación. Aun cuando a los católicos se les anima a tener comunión con los evangélicos, al mismo tiempo se les recuerda que "la Iglesia Católica es el medio común para la salvación".[14]

### B. *El sentir que uno pertenece a la única Iglesia visible*

El *Catecismo Católico Contemporáneo* afirma:

Hay una sola Iglesia verdadera de Jesucristo, la Iglesia Católica. Nuestro Señor confió todas las bendiciones del cristianismo a los apóstoles y sus sucesores, los obispos y sacerdotes de la Iglesia Católica, para que las lleven a todas las gentes en todos los tiempos.[15]

---

[13] John Allen Moore, "Catholicism Today and Our Mission Task," *Baptist Witness in Catholic Europe*, (Rome: Baptist Publishing House), pp. 116-119.

[14] Williams, *Contemporary Catholic Catechism*, pp. 92-93.

[15] Ibid., p. 92.

Muchos católicos señalan el hecho de que hay muchas denominaciones protestantes pero sólo una Iglesia Católica que puede trazar sus raíces hasta Cristo.

### C. Ideas acerca de los reformadores

El punto de vista católico sobre los reformadores ha estado cambiando desde el Vaticano II. Algunos católicos aun ven al protestantismo como el producto de sacerdotes renegados (Lutero, etc.) que abandonaron la iglesia porque querían casarse.

### D. La idea de que sólo los malos católicos se hacen protestantes

Algunos piensan que sólo los católicos que han cometido pecados imperdonables o que realmente nunca han entendido su propia fe son los que están dispuestos a hacerse protestantes.

### E. Ideas acerca de los cristianos evangélicos

Algunos católicos romanos creen que es ingenuo pensar que uno puede ser salvo sólo por aceptar a Cristo. Algunos creen que los cristianos evangélicos usan la Biblia para apoyar sus creencias pero le temen a un estudio sincero de la verdad. Otros creen que los evangélicos cristianos no creen en el discernimiento dado al cuerpo de Cristo, la iglesia.

### F. Temor al ostracismo cultural

Para muchos católicos, pertenecer a cierto grupo étnico y ser católico es lo mismo. Algunos aun han sugerido que ser católico es consistente con el alma misma de cierto grupo étnico o cultural.

Hay quienes se identifican con la presentación del evangelio, pero que temen ser condenados al ostracismo o criticados por sus propios grupos.

### G. Razones espirituales

Puede haber razones espirituales por las cuales algunas personas de formación católica no quieran confiar en Cristo como su Señor y Salvador. Como muchos otros, cualquiera que sea su afiliación religiosa, pueden sufrir de la ceguera espiritual que la Biblia describe. Efesios 2 es un ejemplo.

Es obvio que hay muchas barreras doctrinales, históricas y psicológicas que deben ser vencidas si hemos de guiar a nuestros amigos católicos a una relación personal y salvadora con Cristo.

En muchos casos, se necesitará mucho más que citar versículos de la Biblia durante nuestro primer encuentro de testimonio con una persona católica. Se necesitará de oración, del cultivo de la relación, una presentación clara del evangelio, y un estudio continuo de la Biblia.

## Vistazo a la siguiente sesión

# SEGUNDA SESION

## Preparémonos para compartir nuestra fe (Parte 2)

### Objetivo

Preparar a los participantes del curso para compartir su fe por medio de estudiar pasajes bíblicos sobre la salvación, niveles de comunicación y grados de comprensión del evangelio.

### Estudio bíblico
*Jesús y Nicodemo (primera parte)—(Juan 3:1-21)*

### Introducción

La experiencia de Nicodemo es muy importante porque es el caso de estudio de un hombre que era muy religioso. Era tan devoto a su tradición religiosa que fue elevado a la posición de "maestro de Israel". Habiendo cumplido con todos los requisitos legales, fue admitido en un grupo muy exclusivo, los fariseos. A pesar de toda esta práctica religiosa, hay evidencias de que algo faltaba en su vida. El que haya venido de noche a Jesús puede indicar que quería oír a Jesús antes de ser identificado con él. Es digno de encomio porque vino a Jesús a pesar de sus temores.

## I. Enseñanzas de Jesús acerca de la salvación

### A. *La salvación es una experiencia espiritual*

Jesús le dijo: "...el que no naciere de agua y del Espíritu, no puede entrar en el reino de Dios" (v. 5). El le explicó que una persona nace físicamente de padres humanos pero nace espiritualmente del Espíritu (ver v. 6).

Jesús estaba consciente del hecho de que Nicodemo había hecho todos los esfuerzos posibles para ser una buena persona religiosa. Pero Jesús le dijo a Nicodemo que ser religioso no era suficiente para entrar en el reino de Dios. Necesitaba una transformación espiritual tan radical, que la mejor manera de describirla era comparándola con el nacimiento.

### B. *La salvación es un regalo*

Nicodemo se sentía tan abrumado por la idea de un nuevo nacimiento que preguntó: "¿Cómo puede hacerse esto?" (v. 9). ¿Cómo se pueden borrar todos mis pecados, mis errores y mis hábitos del pasado? ¿Cómo puede comenzar de nuevo una persona que ha vivido tanto tiempo como yo? ¿Cuántos sacrificios debo ofrecer para ser totalmente limpio de todo mi pecado y ser aceptado por Dios? El nuevo nacimiento es solamente posible porque Dios lo amó tanto que dio a su Hijo unigénito por usted. *Porque de tal manera amó Dios que dio.* La salvación es un regalo de Dios. No hay manera de que podamos ganarla o merecerla.

### C. *La salvación se recibe por medio de la fe*

Es especialmente importante que Jesús haya recalcado a Nicodemo que la salvación se obtiene solamente por medio de la fe. Nicodemo estaba dependiendo de su observancia de la ley y de las prácticas religiosas prescritas para salvarse. Jesús tuvo que dejar bien claro que cualquiera que cree en él no se perderá sino que tendrá la vida eterna. Jesús hace hincapié en esto tres veces (ver vv. 15, 16, 18) en su conversación con Nicodemo.

### D. La salvación es una posesión presente

Jesús usó el tiempo presente del verbo cuando habló sobre poseer la salvación. Existe una seguridad de la salvación. No es un asunto incierto. Jesús mismo iba a dar su vida para que aquellos que depositaran su confianza en él tuvieran la seguridad de poseer este precioso regalo de la salvación. Hay una seguridad de que aquellos que creen en él tienen esta vida eterna; él murió para proveerla.

## II. Niveles de comunicación

Esta conversación entre Jesús y Nicodemo revela que ellos se comunicaron en varios niveles:[16]

### A. Cara a cara (vv. 2, 3)

En este nivel de comunicación, Nicodemo declaró que él veía a Jesús como un maestro "venido de Dios". Luego Jesús dijo cómo él veía a Nicodemo: "el que no naciere de nuevo, no puede ver el reino de Dios". Lo veía como un hombre que estaba buscando pero necesitaba saber más. La percepción de Nicodemo acerca de Jesús era correcta pero incompleta. Esta parte de la conversación los ayudó a familiarizarse el uno con el otro.

### B. Mente a mente (vv. 4-13)

Nicodemo no hizo a un lado la idea del nuevo nacimiento, pero sí tenía algunas preguntas serias acerca de cómo podría ser esto. Jesús dedicó tiempo para contestar estas preguntas. El le explicó que estaba hablando de un

---

[16] Bosquejo tomado de la obra de  G. Campbell Morgan, *The Great Physician,* pp. 74-79.

nacimiento espiritual. "No te maravilles de que te dije: Os es necesario nacer de nuevo" (Juan 3:7).

### C. Corazón a corazón (vv. 14-18)

Finalmente Jesús se comunicó con Nicodemo en el nivel de corazón a corazón. Le habló sobre el amor de Dios. Le dijo que él iba a morir. Jesús le dijo a Nicodemo que todo aquel que cree en él tiene vida eterna. A este nivel, Jesús comunicó lo que estaba más cerca de su corazón.

*Aplicación:* Es importante que nos hagamos estas preguntas: ¿En qué nivel nos estamos comunicando con aquellos que necesitan escuchar el evangelio? ¿Qué estamos dispuestos a hacer, en términos de cultivar las amistades, para comunicarnos al nivel de corazón a corazón?

### III. Diálogo: Este diálogo revela el peregrinaje de Nicodemo

| *Nicodemo* | *Posible discípulo* |
|---|---|
| • Oyó acerca de Jesús (Juan 3). Creyó que era un rabino. Nadie podía hacer esas señales si Dios no estaba con él. <br> 1. Jesús compartió con él el plan de salvación de Dios. <br> 2. No se nos dice que recibió a Cristo. En esa primera visita, él tenía muchas preguntas. | • Tiene un concepto positivo de Jesús como un maestro extraordinario. Oye el evangelio pero, por causa de sus tradiciones del pasado, necesita tiempo para meditar bien estas cosas. |
| • Trató de defender a Jesús (Juan 7:50, 51). No hay evidencia de que se identificara públicamente con Jesús (vv. 48, 52). El no respondió a la pregunta: "¿Has creído tú?" | • Es un seguidor secreto de Jesús como José de Arimatea (Juan 19:38). <br> Teme al ostracismo cultural. |

- Se identificó públicamente con Jesús (Juan 19:36-40).
  1. Invirtió dinero en la compra de un ungüento.
  2. Ayudó a preparar su cuerpo.
  3. Violó la regla de no tocar un cuerpo muerto.

- Se identifica plenamente con Jesús. Está dispuesto a pagar el precio.

## Actividades de grupo

### I. Niveles de comunicación

| Nivel | Nombre | Estrategia |
|---|---|---|
| Cara a cara | | |
| Mente a mente | | |
| Corazón a corazón | | |

*Use el diagrama anterior para hacer lo siguiente:*
1. *Escriba los nombres de los posibles simpatizantes en el nivel en el que usted piensa que se está comunicando con ellos.*
2. *Bajo "estrategia", escriba brevemente lo que usted debe hacer para ir al siguiente nivel.*
3. *Comparta su estrategia con su grupo y dedique tiempo de oración pidiendo al Señor que le ayude a mejorar sus habilidades para comunicarse con los discípulos en perspectiva.*

## II. Grados de comprensión

*Use el diagrama anterior para hacer lo siguiente:*
1. *Trate de determinar el nivel de comprensión en el que están sus posibles discípulos.*
2. *Piense en la manera en que puede lograr que progresen al siguiente nivel.*
3. *Comparta esto con su grupo y dediquen tiempo a orar unos por los otros.*

## Instrucción práctica

### I. El concepto católico romano de la salvación

Usted no tiene que ser un experto en las enseñanzas de la Iglesia Católica para poder guiar a sus amigos católicos a un conocimiento personal de Jesús como su Salvador. Hay algunas cosas básicas sobre la naturaleza de la salvación que sí debe saber. Hagamos un estudio breve del concepto católico romano de la salvación.

#### A. Es incierta

La teología católica enseña que la gracia salvadora se obtiene a través de los sacramentos.[17] Falta, sin embargo, la seguridad de la salvación. Existe la creencia de que los santos están listos para ir directamente a la presencia de Dios cuando mueren. Sin embargo, no existe tal seguridad para los católicos comunes.

El Catecismo Católico Contemporáneo dice:

Los hombres buenos que mueren en la gracia quizá tendrán que ser purificados de todo pecado e imperfección antes de ganar el gozo eterno del cielo. Ninguno de nosotros, no importa cuán unido esté a Cristo o a la vida cristiana, se sen-

---

[17] James Killgallon, *Life in Christ* (Chicago: ACTA Foundation, 1976), p. 155. Killgallon declara: "Los sacramentos no sólo nos hacen ser conscientes de una vida divina; producen esta vida dentro de nosotros."

tiría preparado para entrar al cielo así como está. La manera de purgación, el tiempo, el lugar o la duración están cubiertos por el misterio. Sencillamente, Dios no nos lo ha revelado.[18]

El catecismo usa dos versículos para apoyar la existencia del purgatorio; uno es Apocalipsis 21:27: "No entrará en ella [la nueva Jerusalén] ninguna cosa inmunda" y el otro de 2 Macabeos 12:43-46 (parte de los libros apócrifos), que hablan de expiación hecha por los pecados de los muertos. El catecismo admite que "la razón más que las Escrituras, llevan a la Iglesia a una creencia en la purgación de los muertos."[19]

### B. Intermediada (requiere un intermediario)
La teología católica enseña que la salvación se obtiene por la mediación de la iglesia. La iglesia enseña que Dios desea la salvación de todos los hombres; que los hombres son salvos en y a través de Cristo; que ser miembros de la iglesia establecida por Cristo, conocida y entendida como la comunidad de salvación, es necesario para la salvación.[20]

### C. Es sacramental (obtenida a través de los sacramentos)
Los católicos definen sacramento como: "una señal instituida por Cristo para impartir gracia."[21] La teología católica enseña que la gracia salvadora se obtiene por la observancia de los sacramentos.[22] Hay siete sacramentos: el bautismo, la confirmación, la santa eucaristía, la penitencia, los santos óleos (administrados a los enfermos), las santas órdenes y el matrimonio.

---

[18] Williams, *Contemporary Catholic Catechism*, p. 251.
[19] Ibid.
[20] Roy A. Felician, *Catholic Almanac*, (Huntington, Ind.: Sunday Visitor, 1977), p. 380.
[21] Killgallon, *Life in Christ*, p. 155.
[22] Michael A. McGuire, *Baltimore Catechism No. 1*, (New York: Benzinger Brothers, 1942), p. 36.

*1. Bautismo.* "El bautismo es el sacramento de nuevo nacimiento por medio del cual Jesús nos da la vida divina de gracia santificadora y nos une a su cuerpo místico."[23]

*2. Confirmación.* "La confirmación es el sacramento a través del cual Jesús nos confiere el Espíritu Santo, haciéndonos miembros maduros y responsables del Cuerpo Místico. También recibimos las gracias del Espíritu Santo, especialmente aquellas que nos capacitan para profesar, explicar y extender la fe."[24] Usualmente el obispo administra la confirmación."[25]

*3. Eucaristía.* "La santa eucaristía es el sacramento y el sacrificio en el cual Jesús, bajo las apariencias del pan y del vino, es contenido, ofrecido y recibido."[26]

*4. Penitencia (Rito de Reconciliación).* "La penitencia es el sacramento por medio del cual Jesús, a través de la absolución del sacerdote, perdona los pecados cometidos después del bautismo."[27]

*5. Santos Oleos (conocido anteriormente como Extremaunción).* "El sacramento de los enfermos es el sacramento en el cual Jesús, por medio del ungimiento y oraciones del sacerdote, confiere salud y fuerza a la persona que está enferma de gravedad."[28]

*6. Santas Ordenes (Ordenación).* "Convierte a un hombre en sacerdote de Jesucristo."[29]

*7. Matrimonio.* "Confiere las gracias necesarias para vivir una vida matrimonial cristiana."[30]

---

[23] Killgallon, *Life in Christ*, p. 160. Véase también McGuire, *Baltimore Catechism No. 1*, pp. 87-88.

[24] Killgallon, *Life in Christ*, p. 167

[25] McGuire, *Baltimore Catechism No. 1*, p. 90.

[26] Killgallon, *Life in Christ*, p. 175.

[27] Ibid., p. 187.

[28] Ibid., p. 198.

[29] William J. Cogan, *Catechism for Adults* (Youngston, Ariz.: Cogan Productions, 1975), p. 59.

[30] Ibid., p. 59.

## II. Lo que la Biblia enseña acerca de la salvación

Todos los pasajes bíblicos bajo los incisos A, B y C han sido tomados de la *Biblia Católica: Nueva Biblia Española.*[31]

### A. ¿Puede una persona tener la seguridad de su salvación?

"Sí, se lo aseguro: Quien oye mi mensaje y da fe al que envió, posee vida eterna y no se le llama a juicio; no, ya ha pasado de la muerte a la vida" (Juan 5:24).

"Me he propuesto con esta carta que ustedes, los que creen en el Hijo de Dios, estén ciertos de que tienen vida eterna" (1 Jn. 5:13).

"En cambio, cuando nos movemos en la luz, imitándolo a él, que está en la luz, somos solidarios unos de otros y, además, la sangre de Jesús su Hijo nos limpia de todo pecado" (1 Jn. 1:7).

### B. ¿Hay varios mediadores, o es Cristo el único mediador?

"Porque no hay más que un Dios y no hay más que un mediador entre Dios y los hombres, un hombre, el Mesías Jesús" (1 Tim. 2:5).

"Respondió Jesús: Yo soy el camino, la verdad y la vida. Nadie se acerca al Padre, sino por mí" (Juan 14:6).

"Yo soy la puerta: el que entre por mí estará al seguro, podrá entrar y salir y encontrará pastos. El ladrón no viene más que para robar, matar y perder. Yo he venido para que vivan y estén llenos de vida" (Juan 10:9, 10).

---

[31] *Nueva Biblia Española, Edición Latinoamericana* (España: Ediciones Cristiandad, 1976).

"Teniendo, pues, un sumo sacerdote extraordinario que ha atravesado los cielos, Jesús el Hijo de Dios, mantengamos firme la fe que profesamos. Porque no tenemos un sumo sacerdote incapaz de compadecerse de nuestras debilidades, sino uno probado en todo igual que nosotros, excluido el pecado. Acerquémonos, por tanto, confiadamente al tribunal de la gracia para alcanzar misericordia y obtener gracia de un auxilio oportuno" (Heb. 4:14-16).

"La salvación no está en ningún otro, es decir, que bajo el cielo no tenemos los hombres otro diferente de él al que debamos invocar para salvarnos" (Hech. 4:12).

### C. ¿Es la salvación a través de una experiencia personal con Cristo o a través de los sacramentos?

"De hecho, gracias a esa generosidad están ya salvados por la fe; es decir, no viene de ustedes, es don de Dios; no es por lo que hayamos hecho, para que nadie se gloríe" (Ef. 2:8, 9).

"La luz verdadera, la que alumbra a todo hombre, estaba llegando al mundo. ...Pero a los que la recibieron los hizo capaces de ser hijos de Dios" (Juan 1:9, 12).

"Porque así demostró Dios su amor al mundo, dando a su Hijo único, para que tenga vida eterna y no perezca ninguno de los que creen en él" (Juan 3:16).

Ya a este punto debe ser evidente que los católicos y evangélicos no difieren sobre la necesidad de la salvación. El punto principal de diferencia es en cuanto a cómo se obtiene la salvación.

La Iglesia Católica enseña que la salvación es incierta, mediada y sacramental. En contraste, los evangélicos basan su concepto de la salvación en los versículos bíblicos que acabamos de ver. Estos versículos nos enseñan que podemos estar seguros de nuestra salvación; que nuestra salvación es personal (podemos ir directamente a Cristo, nuestro mediador); y que la salvación es por gracia por medio de la fe en Cristo y no a través de los sacramentos. Borrás aclara este punto cuando dice: "Debemos explicar que la salvación es algo personal y que pertenecemos a la iglesia de Cristo porque somos creyentes, y no a la inversa. No es la iglesia la que engendra miembros a través del sacramento del bautismo, sino el Señor quien añade a la iglesia, uno por uno, a aquellos que han sido salvos por medio del Espíritu Santo."[32]

**Vistazo a la siguiente sesión**

---

[32] José Borrás, "Catholicism Today and Our Mission Task," Baptist Witness in Catholic Europe (Rome: Baptist Publishing House, 1973), p. 109.

# TERCERA SESION

## Compartamos nuestra fe (Parte 1)

### Objetivo
Demostrar cómo los participantes del curso pueden compartir sus testimonios y aprender a hacer una presentación del evangelio.

### Estudio bíblico
*Jesús y Nicodemo (segunda parte)—Juan 3*

## Introducción
En el estudio bíblico de la sesión anterior, enfocamos lo que Jesús hizo:
- Las cosas que él enseñó acerca de la salvación
- Los niveles en los cuales él se comunicó con Nicodemo

En esta lección queremos enfocar la experiencia de Nicodemo. Podríamos dividir su experiencia en cinco fases:

## I. Descubrimiento[33]

Nicodemo descubrió que Jesús había venido de Dios. Estaba convencido de que nadie podría hacer las señales milagrosas que él hacía, si Dios no estuviera con él (v. 2). Nicodemo descubrió que para ver el reino de Dios (v. 3) y entrar al reino de Dios (v. 5), tenía que nacer de nuevo.

## II. Deliberación

Aun cuando estaba convencido de que Jesús había sido enviado por Dios, a Nicodemo le era difícil entender lo que Jesús estaba diciendo. El dijo:

**A.** *"¿Cómo puede un hombre nacer siendo viejo?" (v. 4)*
**B.** *"¿Cómo puede hacerse esto?" (v. 9)*

Parte del problema es que Nicodemo estaba pensando en términos físicos y no en términos espirituales. Esto era *muy diferente* de lo que le habían inculcado. Su tradición religiosa decía que la salvación se obtenía por la observancia de la Ley. Pero Jesús le estaba hablando acerca de la salvación por medio de la fe en el Hijo de Dios (v. 16). Para Nicodemo no fue fácil entender. El tenía muchas preguntas.

## III. Decisión

No sabemos el momento preciso cuando Nicodemo decidió aceptar a Jesús como su Salvador personal. Puede haber sido en este primer encuentro con Jesús o quizá algún tiempo después. Lo que sí sabemos es que hubo un

---

[33] Véase David Hesselgrave, *Communicating Christ Cross-culturally*, (Grand Rapids: Zondervan, 1978).

momento cuando tomó la decisión de ser un seguidor de Jesús.

## IV. Disonancia

El hecho de que Nicodemo haya tomado la decisión de recibir a Jesús no garantizaba que las cosas serían fáciles para él. En Juan 7, nos damos cuenta de que sus compañeros eran enemigos de Jesús. En el versículo 48, preguntaron: "¿Acaso ha creído en él alguno de los gobernantes, o de los fariseos?" En el versículo 51, Nicodemo hizo un intento velado por defender a Jesús: "¿Juzga acaso nuestra ley a un hombre si primero no le oye, y sabe lo que ha hecho?" Pero observemos que no hace ningún intento por desafiar la declaración de ellos cuando dijeron: "...de Galilea nunca se ha levantado profeta", ni contestó la pregunta: "¿...ha creído en él alguno... de los fariseos?" (v. 48).

En otras palabras, Nicodemo recibió mucha disonancia de parte de los que le rodeaban. Lo que decían contradecía y ponía en tela de juicio lo que él había escuchado de labios de Jesús y que él quería desesperadamente seguir creyendo.

## V. Discipulado

En Juan 19:39-40 notamos que Nicodemo, juntamente con José de Arimatea, bajó de la cruz el cuerpo de Jesús, lo preparó para la sepultura, y tiernamente lo colocó en el sepulcro. Sin duda cuando Nicodemo vio el cuerpo de Jesús en la cruz, las palabras del Maestro: "Así es necesario que el Hijo del Hombre sea levantado" (Juan 3:14) resonaron como un eco en su corazón.

Nicodemo dio todas las evidencias de ser un discípulo.

*A. Estuvo dispuesto a gastar una gran cantidad de dinero en la compra del ungüento para preparar el cuerpo del Maestro (v. 39).*

*B. Estuvo dispuesto a tocar un cuerpo muerto (el del Señor), aunque esto causaba que un judío fuera considerado ceremonialmente impuro.*

*C. Estuvo dispuesto a hacer esto públicamente.* Esto es evidencia de que Nicodemo llegó a una etapa en la que estaba dispuesto a hacer una profesión pública de su fe en Jesús.

## Conclusión

¿Qué aprendemos de la experiencia de Nicodemo? Hay personas (especialmente aquellos que no han crecido en un hogar evangélico) que pasan por las mismas etapas en sus peregrinajes hacia el discipulado. Pasan por la etapa del descubrimiento, la deliberación, la decisión, la disonancia y el discipulado. Estas etapas tienen implicaciones para la manera como compartimos el evangelio con ellos. Debemos ser pacientes y contestar a sus preguntas ("¿Cómo puede hacerse esto?"). También debemos ofrecerles nuestra amistad para ayudarles a través de los períodos de disonancia y continuar compartiendo con ellos la Palabra de Dios hasta que lleguen a confesar abiertamente que son discípulos del Señor.

## Actividades de grupo

### I. Prepare su testimonio

Una de las herramientas más poderosas al testificar es

compartir nuestro testimonio. La gente por lo general escucha cuando compartimos la diferencia que Jesús ha hecho en nuestras vidas. Cuando el apóstol Pablo (Hechos 26) compartía su testimonio, generalmente usaba el siguiente bosquejo:

**A. *Cómo era mi vida antes de conocer a Jesús***

**B. *Cómo llegué a conocer a Jesús***

**C. *Cómo me ayuda Jesús a enfrentar la vida ahora***

**D. *Cómo puede usted también conocer a Jesús***

Otra manera de compartir su testimonio es seguir el bosquejo del estudio bíblico sobre Nicodemo:

**A. *Descubrimiento*.** Cómo descubrí que Jesús murió por salvarme.

**B. *Deliberación*.** Las preguntas que surgieron cuando traté de comprender cómo invitar a Jesús a venir a mi vida.

**C. *Decisión*.** Cómo decidí invitar a Jesús a venir a mi vida.

**D. *Disonancia*.** Las dudas que tuve y las presiones que sufrí después de que decidí ser un seguidor de Jesús.

**E. *Discipulado*.** Cómo me ayudó el Señor a vencer estas dudas y presiones, y cómo es mi vida ahora que tengo una relación personal con Jesús.

## II. Practique el testimonio

Use el bosquejo que más se adapte a su experiencia.

Escriba un breve párrafo bajo cada encabezado principal, relatando cómo llegó a conocer a Jesús como su Salvador personal. Después de que haya preparado su testimonio, dedique un tiempo para compartirlo con alguien en el grupo.

## Instrucción práctica

### I. Principios

Hay ciertos principios que debemos seguir si hemos de guiar a nuestros amigos católicos hacia una experiencia personal de salvación en Cristo.

**A. No discuta sobre religión.** Su propósito principal es guiar a la persona a Cristo.

**B. Presente el evangelio con sencillez y lógica sana.**

**C. Distinga entre la posición oficial de la Iglesia Católica y lo que cada individuo cree.**

**D. Al estudiar la Biblia juntos, permita que su interlocutor descubra lo que dice la Palabra de Dios.** Anime a la persona a leer los versículos y meditar sobre su significado; deje que la Palabra de Dios le hable a ella.

**E. Concéntrese únicamente en los asuntos esenciales para la salvación.** No discuta asuntos no concernientes a ello.

**F. No pregunte: "¿Es usted cristiano?" (Los católicos se consideran cristianos)** o, **"¿Es usted salvo?"** Su pregunta debe ser: "¿Cuál es su relación personal con Cristo Jesús?"

G. *Use una Biblia católica o una versión aceptada por los católicos, como Dios Habla Hoy.*

## II. Marque su Nuevo Testamento

Una de las mejores maneras de presentar el plan de salvación a los católicos romanos es usar un Nuevo Testamento marcado. Esto les ayuda a leer los versículos directamente de la Palabra de Dios. Es también de ayuda dar el Nuevo Testamento a los posibles discípulos. Ha habido muchos casos en los cuales las personas no han comprendido plenamente el significado de los pasajes hasta que los han leído varias veces durante algún tiempo.

A. *En la primera página de su Nuevo Testamento escriba la pregunta:*

"¿Cuál es su relación personal con Cristo?" Luego escriba, "Busque en la página _____."

B. *Al llegar a la página donde se encuentra Juan 10:10:*

*1. Subraye el versículo con un marcador amarillo.*

*2. Escriba en la parte superior de la página la pregunta: "¿Por qué vino Cristo?"*

*3. En la parte inferior de la página escriba: "Busque la página _____" (donde se encuentra Rom. 3:23).*

C. *Repita los pasos 1-3 para cada versículo usado en la presentación del evangelio, escribiendo las preguntas apropiadas respectivas.*

D. *Escriba en la última página del Nuevo Testamento la siguiente oración:*

---

**MI DECISION DE RECIBIR A CRISTO**

*Admito ante Dios que soy pecador(a) y que Jesús murió por mis pecados. Yo ahora abro la puerta de mi vida a Cristo y acepto su regalo de la salvación.*

_____

Nombre

_____

Fecha

---

## III. Presente el evangelio

Empiece haciendo la pregunta: "¿Cuál es su relación con Cristo?" Explique: "No vamos a hablar de 'religión'; sólo queremos descubrir lo que la Biblia dice acerca de nuestra relación con Cristo." De allí lleve hacia las preguntas que se encuentran en su Nuevo Testamento marcado.

### PRESENTACION DEL EVANGELIO

*1. ¿Para qué vino Cristo al mundo? (Juan 10:10)*

*2. ¿Por qué no tenemos este don? (Juan 3:23)*

*3. ¿Cuál es el resultado del pecado? (Rom. 6:23a)*

4. *¿Cuál es la dádiva de Dios? (Rom. 6:23b)*

5. *¿Cómo hizo Dios posible esto? (Rom. 5:8)*

6. *¿Podemos ganar este don? (Ef. 2:8, 9)*

7. *Si nosotros pudiéramos ganar este don (Gál. 2:21), ¿habría muerto Cristo? (Gál. 3:1-5)*

8. *¿Cómo llega a ser nuestro este regalo? (Juan 1:12)*

9. *¿Cómo recibió este don el ladrón moribundo en la cruz? (Lucas 23:39-43)*

10. *¿Podemos estar seguros de que tenemos este regalo? (Juan 5:24)*

11. *¿Quiere usted abrir las puertas de su vida a Cristo?[34] (Apoc. 3:20)*

Después de que usted haya cubierto el plan de salvación con su amigo católico, pídale que repita la oración de aceptación con usted.

Si la persona no esta lista a hacerlo, haga lo siguiente:

- Ore por la persona. Comience con la Oración del Señor (el Padrenuestro).

- Luego pida a Dios que ayude a la persona a aprender las cosas que Dios quiere que ella sepa. Ore por cualquier necesidad que él o ella pudiera tener. Haga la oración en la forma más personal posible. Tal vez querrá tomar la mano de la persona al hacerlo.

---

[34] Adaptado del libro de Joe O'Connel, *"Witnessing to Roman Catholics."*

- Regale el Nuevo Testamento a la persona. Sugiérale que lea nuevamente las porciones de las Escrituras. Dígale que firme bajo la oración escrita cuando haya tomado una decisión de aceptar a Cristo.

### Vistazo a la siguiente sesión

# CUARTA SESION

## Compartamos nuestra fe (Parte 2)

### Objetivo

Equipar a los participantes en este curso para compartir su fe por medio de practicar la presentación del evangelio y aprender cómo contestar preguntas sinceras.

### Estudio bíblico
### *Cómo contestó Jesus las preguntas sinceras*

**Introducción**

Al compartir nuestra fe, habrá personas que no entenderán plenamente y quienes tendrán *preguntas sinceras*. La razón de nuestro énfasis en el término preguntas sinceras es que queremos hacer una distinción entre las personas que están genuinamente interesadas en aprender más acerca de la Palabra de Dios y aquellas que solamente quieren discutir. La Biblia nos enseña que debemos evitar discusiones sin sentido. Dice: "Oh Timoteo, guarda lo que se te ha encomendado, evitando las profanas pláticas sobre cosas vanas, y los argumentos de la falsamente llamada ciencia, la cual profesando algunos, se desviaron de la fe" (1 Tim. 6:20, 21).

Sin embargo, la Biblia nos enseña que debemos estar preparados para contestar las preguntas hechas con sinceridad. Dice: "Santificad a Dios el Señor en vuestros corazones, y estad siempre preparados para presentar defensa con mansedumbre y reverencia ante todo el que os demande razón de la esperanza que hay en vosotros" (1 Ped. 3:15). En la Palabra de Dios encontramos algunos ejemplos de la manera en que Jesús trató las preguntas sinceras de los inquiridores.

## I. Cómo contestó Jesús las preguntas de Nicodemo

El estudio bíblico previo muestra que al principio Nicodemo no entendía completamente. Cuando Jesús mencionó el nuevo nacimiento, Nicodemo preguntó: "¿Cómo puede un hombre nacer siendo viejo?" (Juan 3:4). Jesús le contestó que él estaba hablando acerca de un nacimiento *espiritual*, no *físico*. El dijo: "Lo que es nacido de la carne, carne es; y lo que es nacido del Espíritu, espíritu es" (v. 6). Jesús ayudó a Nicodemo a entender usando el ejemplo del viento: "El viento sopla de donde quiere, y oyes su sonido; mas ni sabes de dónde viene, ni a dónde va" (v. 8). Lo mismo se aplica al nacimiento espiritual. Es evidente que Nicodemo aún no entendió lo que Jesús decía, pues preguntó: "¿Cómo puede hacerse esto?" (v. 9).

Jesús nuevamente usó un ejemplo familiar: la serpiente en el desierto. Siendo un maestro de Israel, Nicodemo conocía bien el significado del incidente. En Números 21 se describe cómo los israelitas habían hablado en contra de Dios. El Señor respondió enviándoles serpientes que causaron la muerte de muchos israelitas. Cuando Moisés suplicó a Dios a favor del pueblo, Dios le dio instrucciones de hacer una serpiente de bronce y ponerla en alto en una asta. Aquellos que confiaran en Dios y miraran a la serpiente con fe, serían sanados. Jesús hizo la aplicación: "Como Moisés levantó la serpiente en el desierto, así es necesario que el Hijo del Hombre sea levantado, para que todo aquel que en él cree, no se pierda, mas tenga vida eterna" (vv. 14, 15).

Jesús dedicó tiempo para responder a las preguntas de Nicodemo. También procuró relacionar su respuesta con algo que Nicodemo ya conocía. Esto es sumamente importante. Los educadores nos dicen que la enseñanza más eficaz es aquella que va de lo conocido a lo desconocido. Al contestar las preguntas, no es suficiente con citar otros versículos de las Escrituras o dar la opinión de los eruditos de la Biblia. Debemos relacionar nuestras respuestas con lo que las personas interesadas en el evangelio ya conocen y llevarlas de allí hasta una comprensión más clara de las Escrituras.

## II. Cómo contestó Jesús a las preguntas de la mujer samaritana

La mujer samaritana hizo varias preguntas a Jesús. La primera fue: "¿Cómo tú, siendo judío, me pides a mí de beber, que soy mujer samaritana?" (Juan 4:9) En otras palabras, "¿Por qué estás hablando conmigo?" Jesús contestó, en Juan 4:10: "Si conocieras el don de Dios, y quién es el que te dice: Dame de beber; tú le pedirías, y él te daría agua viva." Al notar que él no llevaba consigo nada con qué sacar el agua, la mujer le preguntó: "¿Acaso eres tú mayor que nuestro padre Jacob?" (v. 12).

Jesús no permitió ser desviado hacia una discusión sobre creencias tradicionales. No trató de menospreciar a Jacob ni de probar que él era mayor que Jacob. No perdió tiempo poniendo en tela de duda el argumento de que Jacob era el padre de los samaritanos. En vez de ello, él continuó haciendo énfasis en el agua viva. La siguiente pregunta de la mujer samaritana fue: "¿Dónde se debe adorar?" Nuevamente Jesús evitó una discusión sobre el asunto del lugar de adoración adecuado: si la montaña o Jerusalén. En vez de eso centró la discusión en la clase de relación que las personas deben tener con el Padre: "Los verdaderos adoradores adorarán al Padre en espíritu y en verdad" (v. 23). Jesús no hizo énfasis en la religión sino en la relación.

## Aplicación

Al examinar la manera en que Jesús trató con las preguntas de Nicodemo y la mujer samaritana, podemos aprender algunas lecciones valiosas en cuanto a la manera correcta de contestar las preguntas sinceras:

1. *Primeramente,* Jesús comenzó con lo que la gente conocía, y de allí pasó a lo que no conocía. Jesús habló a Nicodemo sobre la serpiente en el desierto. El habló con la mujer acerca del agua.

2. *En segundo lugar,* Jesús usó ilustraciones que eran comunes a las vidas de las personas. Por ejemplo, al hablar sobre el viento.

3. *En tercer lugar,* Jesús fue sincero en sus respuestas. Cuando la mujer samaritana le preguntó cómo era que él estaba hablando con ella (Juan 4:9), él respondió que su deseo era darle del agua viva.

4. *En cuarto lugar,* contestó las preguntas en una manera que no permitía ser desviado o envuelto en asuntos que no venían al caso.

5. *En quinto lugar,* Jesús habló la verdad en amor. No se retrajo cuando le dijo a Nicodemo: "Os es necesario nacer de nuevo" (Juan 3:7), o cuando dijo a la mujer samaritana: "La salvación viene de los judíos" (Juan 4:22). Sin embargo, lo hizo en una manera que no los ridiculizó ni los humilló. Al contrario, los inspiró a continuar en su búsqueda de la verdad.

6. *Finalmente,* Jesús no hizo énfasis en la *religión,* sino en la *relación.* El Padre está buscando a aquellos que lo adoren en espíritu y en verdad (ver Juan 4:23). Mantengamos estos principios en mente al contestar a las preguntas de aquellos que están buscando con sinceridad conocer al Señor.

## Actividad de grupo

En la sesión anterior se repasaron los conceptos que algunos católicos romanos tienen acerca de la salvación. En esta actividad, divida al grupo en parejas y permita a cada persona 15 minutos para que lea el plan de salvación a su compañero o compañera. Esto da a cada persona la oportunidad de practicar la manera de presentar el plan de salvación.

## Instrucción práctica

El estudio bíblico para esta sesión hace énfasis en el hecho de que Jesús se mantuvo centrado en compartir las buenas nuevas. Contestó las preguntas, pero no se desvió de su objetivo principal. En esta sesión discutiremos algunas preguntas comunes que surgen cuando procuramos guiar a las personas a que tengan un encuentro con el Señor Jesucristo. El principal objetivo es compartir algunas ideas de cómo reconocer estas preguntas y relacionarlas con la salvación de las personas.

## I. ¿Cuál iglesia es la verdadera?

### A. Razón por la que se hace esta pregunta

Muchos católicos creen que la salvación se encuentra en y por medio de la Iglesia Católica Romana.[35] Su principal preocupación no es académica sino existencial. Lo que realmente quieren saber es: "¿En quién o en qué puedo confiar para mi salvación?"

### B. Respuesta sugerida

Hay muchos puntos de vista acerca de la "iglesia verdadera". La Biblia dice que la iglesia es el cuerpo de Cristo (ver Ef. 5:29, 30). Está formada de personas que creen en Jesucristo como su Salvador y Señor (ver Hechos 2:41). No es tanto cuál es la iglesia verdadera, sino, ¿soy yo parte de la iglesia verdadera, el cuerpo de Cristo? La Palabra de Dios nos dice que podemos ser parte del cuerpo de Cristo al aceptarlo como nuestro Salvador personal (ver Juan 1:12).[36]

## II. ¿Fue Pedro el primer Papa?

### A. Razón por la que se hace esta pregunta

Muchos católicos hacen esta pregunta para resolver una pregunta aun más inmediata: "¿Por qué no he de confiar en la estructura jerárquica de la Iglesia Católica con el Papa como su cabeza?"

### B. Respuesta sugerida

Resulta contraproducente tratar de debatir en cuanto a si Pedro fue el primer Papa o no. Es más provechoso tratar el asunto de la confianza. Una manera de hacerlo es decir

---

[35] Véase Abbott, *The Documents of Vatican II*, pp. 15, 32-33.

[36] Para explorar más sobre este asunto, véase Ralph Michaels, *Share the New Life with a Catholic* (Chicago: Moody Press, 1975).

algo como: "Esta pregunta ha sido debatida por muchos siglos. Muchos católicos romanos creen que cuando Jesús usó la expresión: 'sobre esta roca edificaré mi iglesia' (Mat. 16:18), se estaba refiriendo a Pedro."[37]

La mayoría de los cristianos evangélicos creen que Jesús se estaba refiriendo a la declaración (confesión) que Pedro acababa de hacer acerca de Jesús: "Tú eres el Cristo, el Hijo del Dios viviente" (Mat. 16:16). En otras palabras, la iglesia está edificada sobre Jesús mismo. El dijo: "Yo... edificaré mi iglesia."

Fijémonos en lo que el mismo apóstol Pedro dijo. Primera de Pedro 2:4-6 dice: "Acercándoos a él, piedra viva, desechada ciertamente por los hombres, mas para con Dios escogida y preciosa, vosotros también, como piedras vivas, sed edificados como casa espiritual y sacerdocio santo, para ofrecer sacrificios espirituales aceptables a Dios por medio de Jesucristo. Por lo cual también contiene la Escritura: He aquí pongo en Sion la principal piedra del ángulo, escogida, preciosa: y el que creyere en él, no será avergonzado."[38] Pedro dice aquí que Jesús es la principal piedra del ángulo y todo el que en él creyere no será avergonzado. Lo importante es poner nuestra confianza en Cristo Jesús. ¿Ha llegado usted a poner su confianza en Jesús y aceptarlo como su Salvador personal?

### III. ¿Cuál es la autoridad máxima: la Biblia o la tradición?

#### A. *Razón por la que se hace esta pregunta*

La mayoría de los católicos creen que la Biblia y las tradi-

---

[37] Brewer señala que Jerónimo en el siglo cuarto, y Agustín en el siglo quinto, expresaron claramente que la iglesia estaba fundada sobre la confesión de Pedro. Bartholomew F. Brewer. *The Primacy of Peter*, audiocasete, Mission to Catholics, P. O. Box 19280, San Diego, California 92119.

[38] *The New American Bible, Saint Joseph Edition*, (New York: Catholic Publishing Co., 1970).

ciones de la Iglesia Católica son de igual importancia. *Los Documentos del Vaticano II*, por ejemplo, declaran: "La tradición sagrada y la Escritura Sagrada forman un depósito sagrado de la Palabra de Dios que ha sido encomendado a la Iglesia."[39] Un versículo que con frecuencia se cita es: "Así que, hermanos, estad firmes, y retened la doctrina que habéis aprendido, sea por palabra, o por carta nuestra" (2 Tes. 2:15). La pregunta fundamental es: "¿En qué podemos poner nuestra confianza: en la Biblia o en la Biblia y la tradición?"

### B. Respuesta sugerida

Tenga en cuenta que las Escrituras estaban en proceso de escribirse cuando el apóstol Pablo escribió a los Tesalonicenses. El deseaba enfatizar a los nuevos cristianos que ellos debían seguir siendo fieles a lo que habían aprendido personalmente y por medio de cartas. Fueron enseñados lo que los apóstoles habían recibido de Cristo (ver Hechos 2:46; 1 Cor. 11:23). Estas enseñanzas, bajo la dirección del Espíritu Santo, fueron puestas en forma escrita y agregadas al Antiguo Testamento. Jesús no presentó un plan de salvación por escrito y otro para transmisión oral.[40]

La Palabra de Dios dice que las Sagradas Escrituras nos pueden hacer sabios para la salvación (ver 2 Tim. 3:15). Los versículos 16 y 17 declaran: "Toda la Escritura es inspirada por Dios, y útil para enseñar, para redargüir, para corregir, para instruir en justicia, a fin de que el hombre de Dios sea perfecto, enteramente preparado para toda buena obra." En la Palabra escrita tenemos todo lo que necesitamos para encontrar la salvación en Jesucristo. ¿Ha encontrado usted la salvación de la cual hablan las Escrituras?

---

[39] Abbott, *The Documents of Vatican II*, p. 117.
[40] Michaels, *Share the New Life With A Catholic*, p. 20.

## IV. ¿Cuál es el papel de la Virgen María?

### A. Razón por la que se hace esta pregunta

Muchos católicos romanos tienen la impresión de que los protestantes consideran a María sólo otra mujer. Una de las razones de esto es que algunos protestantes son cuidadosos de no adorar a María, pero al mismo tiempo cometen el error de no darle el lugar de honor que ella ocupa en las Escrituras. María ocupa un lugar muy especial en los corazones de muchos católicos. Parte de esto se debe a que han sido enseñados que María es co-mediadora con Cristo.[41]

Para otros católicos, la devoción a María tiene profundas raíces culturales, así como religiosas. Decir algo irrespetuoso sobre María es peor para ellos que si se dijera algo en contra de sus propias madres.

Hay varias respuestas apropiadas: nunca discuta sobre María; nunca tergiverse las Escrituras—María ocupa un lugar especial en las Escrituras; nunca trate de probar que ella tuvo otros hijos. Habrá tiempo más adelante para tratar este asunto. Una vez que la persona llegue a tener una relación personal y amorosa con Jesús, estará capacitada para ver éste y otros asuntos bajo una perspectiva bíblica. *Muchos testimonios han sido completamente destruidos por testigos que piensan que es más importante ganar una discusión que ganar a la persona para Cristo.*

### B. Respuesta sugerida

Asegure a sus amigos católicos que usted tiene a María en muy alta estima. Ella fue una persona tan especial, que Dios la escogió para que a través de ella naciera Su Hijo, Jesucristo. La Biblia dice: "El Señor es contigo" y "has hallado gracia delante de Dios" (Lucas 1:28, 30). La Biblia

---

[41] Abbott, *The Documents of Vatican II*, pp. 91-92.

también dice: "Bendita tú entre las mujeres, y bendito el fruto de tu vientre" (Lucas 1:42). Además, María da un ejemplo de verdadero discipulado cristiano a través de su conducta, su obediencia y su fe.

Es muy importante que sus amigos católicos se den cuenta de que usted tiene a María en muy alta estima como un instrumento escogido de Dios. Es también muy importante que ellos sepan que usted sigue el consejo de María. En las bodas de Caná de Galilea, María dijo a los sirvientes que estaban preocupados porque se había agotado el vino: "Haced todo lo que os dijere" (Juan 2:5). ¿Y qué es lo que Jesús nos dice? "Yo soy el camino, y la verdad, y la vida; nadie viene al Padre, sino por mí" (Juan 14:6). "Venid a mí todos los que estáis trabajados y cargados, y yo os haré descansar" (Mateo 11:28).[42]

Si enfoca en Juan 2:5, Juan 14:6 y Mateo 11:28, usted podrá evitar una discusión improductiva acerca de María, y concentrarse en las enseñanzas de Jesús sobre la salvación.

## V. ¿Qué en cuanto a mi afiliación religiosa?

### A. Razón por la que se hace esta pregunta

Los católicos romanos se preocupan de que lo único que queremos es lograr que se unan a nuestra iglesia. Es importante que asegure a sus amigos católicos que usted quiere que ellos experimenten personalmente la salvación en Cristo Jesús.

### B. Respuesta sugerida

Construya un puente de comunicación hablándoles

---

[42.] Para una excelente discusión sobre esto, consúltese la conferencia del doctor José Borrás "¿Qué Creen los Evangélicos Sobre María?" (audiocasete), Abundant Life Crusades, 4910 Branscomb, Corpus Christi, TX, 78411.

sobre las creencias que tenemos en común con ellos[43].
Ambos creemos en:

1. *Dios—Creador, Redentor, Soberano y Juez.*
2. *Jesús—Hijo de Dios, nacido de una virgen, su ministerio milagroso, su muerte expiatoria, su presente reinado, su segunda venida.*
3. *La Trinidad—Padre, Hijo y Espíritu Santo.*
4. *Las Escrituras—divinamente inspiradas.*
5. *El hombre—pecador, su necesidad de la gracia salvadora de Dios.*
6. *El amor—una virtud cristiana.*
7. *El matrimonio—sagrado a los ojos de Dios.*[44]

Es muy importante enfatizar que su interés no está en la religión de la persona, sino en su relación con Jesucristo. Una manera de hacer esto es relatar brevemente la experiencia del joven rico. En Marcos 10:17-22, la Biblia habla de un joven que conocía todo en cuanto a la religión. Vino a Jesús con una pregunta. Pero se fue triste porque no estuvo dispuesto a dar a Cristo el primer lugar en su vida. Lo importante no era la afiliación religiosa que este joven tenía, sino la manera en que respondió a la invitación de Jesús a seguirlo.

---

[43] Brewer señala: "Roma, en verdad no tanto le quita al evangelio (como las sectas cultistas hacen), sino que le agrega." Bartholomew F. Brewer, *The Fallacy of Catholicism,* (audiocasete), Mission to Catholics, P. O. Box 19280, San Diego, Ca. 92119. Hay muchas cosas que nosotros tenemos en común con los católicos romanos. Lo que debe preocuparnos son las cosas que han sido añadidas.
[44] Véase C. Brownlow Hastings, *A Baptist View of Changes in Roman Catholicism,* (Atlanta: Home Mission Board).

## VI. ¿Está usted usando una Biblia protestante?

### A. *Razón por la que se hace esta pregunta*

Algunos católicos romanos tienen la idea de que "la Biblia Protestante" es muy diferente de la de ellos. Confían en su propia Biblia pero no están seguros en cuanto a otras versiones.

### B. *Respuesta sugerida*

Hay algunos libros en la Biblia Católica Romana que nosotros, como cristianos evangélicos, no aceptamos como inspirados. Al testificar, sin embargo, no es necesario entrar en una larga discusión en cuanto a estos libros, por dos razones:

*1. Estos libros son poco usados por los mismos católicos.*

*2. Estos libros no se encuentran en el Nuevo Testamento; por lo tanto, podemos hacer una presentación completa del plan de salvación sin referirnos a ellos.*

Si hay alguna aprehensión de parte de ellos en cuanto al uso de una "Biblia protestante", hay varias opciones:

*1. Podemos usar una Biblia Católica Romana. La Biblia de Jerusalem o la Nueva Biblia Española* son traducciones modernas comparables a *Dios Habla Hoy* o la versión RVA. Algunas de las palabras quizá son diferentes, pero el significado de los pasajes que usted usa al testificar es el mismo.

*2. La segunda opción es usar el Nuevo Testamento - Dios Llega al Hombre, de las Sociedades Bíblicas Unidas*[45] *que tenga el imprimátur (sello de aprobación) de las autoridades de la Iglesia Católica Romana.* Si surgen preguntas en cuanto a este asunto, muestre el imprimátur, que generalmente se puede encontrar en la primera o segunda página. Asegure a su amigo católico que esta versión ha sido aprobada por los oficiales de la Iglesia Católica.

---

[45] *Dios Llega al Hombre* es publicado por Sociedades Bíblicas Unidas.

## Conclusión

El propósito de este estudio ha sido ayudarle a saber cómo tratar con algunas de las preguntas que más frecuentemente se presentan en las situaciones de testificar. Los puntos doctrinales en estas preguntas son muy importantes. Nuestra meta no ha sido la de desestimar su importancia. Hemos sugerido una manera de evitar ser distraídos de nuestro objetivo principal: conducir a las personas a un conocimiento de Cristo Jesús como el Salvador.

Los nuevos creyentes son más sensibles a la dirección del Espíritu Santo y estarán en una mejor posición de entender lo que las Escrituras dicen sobre estas y otras doctrinas. No es necesario tratar de corregirlos en cada punto doctrinal antes de que acepten a Cristo Jesús. Recuerde la respuesta del apóstol Pablo a la pregunta que le hizo el carcelero de Filipos: "¿Qué debo hacer para ser salvo?" La respuesta fue: "Cree en el Señor Jesucristo, y serás salvo" (Hechos 16:31).

Por lo tanto, atienda a las preguntas que se presenten y trate de guiar la discusión hacia la pregunta más importante: "¿Qué debo hacer para ser salvo?"

## Un vistazo a la siguiente sesión

# QUINTA SESION

## Estudio bíblico continuo:
## El discipulado de los nuevos creyentes

### Objetivo
Equipar a los participantes del curso a conseguir que los posibles discípulos participen en un estudio bíblico continuo.

### Estudio bíblico
### *El peregrinaje de Pablo como nuevo creyente*

## Introducción
Todos nos sentimos inspirados al leer el relato bíblico de la dramática conversión y el ministerio fructífero de Saulo de Tarso (más tarde llamado Pablo). Después de Jesús, Pablo fue el más grande misionero de la fe cristiana. Muy pocas veces damos atención a lo que pasó entre su conversión y su ministerio. Examinemos algunos de los detalles relacionados con el peregrinaje de este notable siervo de Dios.

## I. Pablo era una persona muy devota

### A. Trasfondo de Pablo

Pablo se refirió a sí mismo como "hebreo de hebreos" (Fil. 3:5). Sus padres eran hebreos. Ambos eran de la tribu de Benjamín, la cual pertenecía a Judá en el Reino del Sur. El trasfondo cultural y religioso de Pablo estaba claramente definido.

### B. Preparación intelectual de Pablo

Pablo no sólo era una persona religiosa, sino que era también un fariseo. Había estudiado en la Escuela de Gamaliel, uno de los principales eruditos judíos de su día. Allí él había aprendido la interpretación rabínica de la Ley.

### C. Dedicación de Pablo

Además de tener las cualidades antes mencionadas, Pablo era una persona devota. Se entregó de todo corazón a la tarea de promover el judaísmo y protegerlo de las "sectas peligrosas". Por esto él perseguía a los cristianos.

## II. Pablo tuvo un encuentro con Jesús

### A. Un factor contribuyente

Sin duda, el testimonio y el ejemplo de Esteban tuvieron un profundo efecto en Pablo. La manera en que Esteban murió, orando por sus victimarios, sin duda plantó la semilla del evangelio en el corazón de Pablo.

### B. La conversión de Pablo

Pablo trataba de acallar la voz de su conciencia al perseguir a los cristianos con más celo aún. Fue en uno de esos intentos de aprehender a los cristianos y llevarlos a juicio a Jerusalén cuando *él fue aprehendido por Cristo.*

Su encuentro con el Jesús a quien él perseguía dejó por el suelo las convicciones previas de Pablo. ¿Podía haber estado equivocado todo este tiempo? ¿Qué en cuanto a todo lo que le habían enseñado desde su niñez?

## III. Pablo comenzó su discipulado

### A. Sus primeras instrucciones dadas por Ananías

Jesús se enfrentó personalmente a Pablo e hizo provisión para que fuera instruido en la fe: "Levántate y entra en la ciudad, y se te dirá lo que debes hacer" (Hechos 9:6). Hechos 9:10-18 presenta un relato sobre un cristiano en Damasco, llamado Ananías, quien comunicó el mensaje del Señor a Pablo.

Ananías ofreció compañerismo a Pablo, fue un instrumento para que éste fuera lleno del Espíritu Santo y recibiera su sanidad, y lo bautizó. El relato es presentado casi en forma de bosquejo. Ananías ayudó a Pablo a contestar algunas de las preguntas más importantes en cuanto a su encuentro con el Señor.

### B. Pablo dedicó tiempo a escudriñar su propia alma

El breve relato en Hechos 9 puede dar la impresión de que Pablo comenzó a predicar inmediatamente después de su visita a Ananías. El versículo 19 dice: "Y habiendo tomado alimento, recobró fuerzas." Luego dice: "Y estuvo Saulo por algunos días con los discípulos que estaban en Damasco." El versículo 20 dice: "En seguida predicaba a Cristo en las sinagogas, diciendo que éste era el Hijo de Dios."

Muchos eruditos de la Biblia creen que Lucas, al escribir varios años después sobre la experiencia de Pablo, no incluyó el tiempo que éste pasó en Arabia.

El vacío entre las dos declaraciones del versículo 19 es

precisamente el tiempo al que se refiere más tarde que empleó en Arabia. Gálatas 1:17 explica que después del encuentro de Pablo con Jesús, fue a Arabia, y volvió de nuevo a Damasco.

Algunos piensan que Pablo empleó por lo menos dos años en Arabia "probablemente bajo la misma sombra del Sinaí"[46] estudiando las Escrituras a la luz de la resurrección de Jesús.

## Conclusión

Hay varias lecciones que aprendemos de la conversión y discipulado del apóstol Pablo.

• Una persona puede ser muy religiosa pero estar muy equivocada. Pablo tenía la mejor herencia religiosa, no obstante él estaba peleando contra Jesús.

• Con frecuencia se necesita tiempo para que la semilla de la Palabra de Dios germine. La semilla plantada por el testimonio y la muerte de Esteban fue produciendo más y más convicción de pecado en la vida de Pablo.

• El hecho de que una persona haya tenido una experiencia personal con Jesús no significa que ella ha comprendido todas las doctrinas cristianas inmediatamente. Aunque Pablo tuvo una conversión dramática, no obstante él tuvo que dedicar tiempo a pensar en las implicaciones de ese encuentro milagroso con el Señor. ¡Piense en la *conmoción* que esto le causó! ¿Qué en cuanto a las interpretaciones que él había aprendido acerca del Mesías? ¿Qué en cuanto a las tradiciones religiosas que había heredado de sus padres? ¿Cuál sería la reacción de sus amigos íntimos y colegas cuando supieran

---

[46] G. Campbell Morgan, *The Great Physician* (London: Marshall, Morgan & Scott, 1963), pp. 344-46.

que Pablo se había convertido en un seguidor de aquel despreciado Nazareno? Es sumamente importante que los cristianos evangélicos se den cuenta que para las personas de otras tradiciones religiosas, el peregrinaje hacia la fe salvadora puede ser completamente diferente. Debemos dar tiempo y oportunidad a los nuevos cristianos para que asimilen las cosas hasta que lleguen a comprender las implicaciones del discipulado.

• El toque humano es indispensable en el proceso de discipulado. Los ministerios de Ananías y Bernabé fueron cruciales para el discipulado de Pablo. Debe de haber sido refrescante para Pablo escuchar las palabras de Ananías al poner sus manos sobre él: "Hermano Saulo, el Señor Jesús... me ha enviado" (Hechos 9:17). Bernabé más tarde se convirtió en amigo de Pablo y lo animó en el ministerio. El tiempo que dedicamos guiando a las personas en el estudio bíblico y discipulándolas es un tiempo que tiene implicaciones vitales para esta vida y para la eternidad. El Señor nos ayude a ser esta clase de discipuladores.

## Actividades de grupo

### Actividad 1

Divida el grupo en parejas. Pida a cada persona que tome cinco minutos para compartir con la otra persona su experiencia en el discipulado como nuevo cristiano. ¿Quién lo discipuló? ¿Cuáles fueron los puntos fuertes de dicho discipulado? ¿Cuáles fueron los puntos débiles?

### Actividad 2

Pida a cada persona que tome cinco minutos para compartir con la otra persona lo que haría para discipular a un nuevo cristiano que viene de un trasfondo católico romano. ¿Cuáles son algunos de los temas (asuntos, doctrinas) que discutirían? ¿Cuáles son algunas de las cosas sobre la iglesia bautista que querrían explicar? ¿Qué esfuerzos harían para tener compañerismo con estos nuevos convertidos?

## Conclusión de actividades de grupo

Convoque nuevamente al grupo completo y pida que algunos voluntarios compartan algunas de las percepciones que recibieron en los grupos pequeños. Haga una lista de estas percepciones y sugerencias en el pizarrón. Pida al grupo que tome notas para su uso futuro al discipular a nuevos convertidos.

## Instrucción práctica

**I. El material en esta sección puede ser usado en dos maneras**

*A. Para continuar cultivando a aquellos que no han tomado una decisión de recibir a Cristo.*

*B. Para ayudar a aquellos que han recibido a Cristo a crecer en el conocimiento de su salvación.*

**II. Hay algunas opciones en el estudio de la Biblia que pueden ser útiles para lograr estos objetivos**

*A. Un estudio de algunos libros seleccionados de la Biblia (capítulo por capítulo), tales como el Evangelio de Juan, la Epístola a los Romanos, y la Epístola a los Gálatas.*

Esta opción puede ser útil para las personas que tienen un conocimiento limitado de la Biblia. Este estudio puede ayudarles a comprender gradualmente más acerca de la Palabra de Dios. Mientras estudian, irán aprendiendo más acerca de las enseñanzas de la Biblia sobre la salvación.

En el método de capítulo por capítulo, el siguiente bosquejo puede ser de utilidad:

*1. ¿Quiénes son los personajes clave en este capítulo?*
*2. ¿Qué enseña el capítulo acerca de Cristo?*
*3. ¿Qué enseña acerca de la salvación?*
*4. ¿Hay algo en este capítulo que habla a mi vida en este día?*

**B. Un estudio sobre personas cuyas vidas fueron cambiadas por Jesús.**

Uno de los mayores beneficios de esta opción es que ejemplifica la experiencia *personal* de salvación en Cristo Jesús. Estas personas no solamente sabían algo acerca de Jesús o lo tenían en alta estima; lo recibieron como su *Salvador personal.* Este es uno de los énfasis que está ausente en muchas Iglesias Católicas Romanas. Muchos católicos hacen énfasis en la creencia en doctrinas específicas y la observancia de sacramentos. Con frecuencia dejan de enfocar en una *relación personal y vital con Jesucristo como Salvador y Señor.* Este acercamiento al estudio de la Biblia puede ayudar a las personas a entender la importancia del nuevo nacimiento en Cristo.

Use los siguientes personajes para estudiar las vidas de personas que fueron cambiadas por medio de una relación con Jesús:[47]

---

[47] El libro de G. Campbell Morgan *The Great Physician* (London: Marshall, Morgan & Scott) tiene un excelente material que puede usarse en estos estudios bíblicos. También es de mucha ayuda *El Comentario al Nuevo Testamento* de William Barclay (Editorial CLIE, España). Un diccionario bíblico puede ser también de ayuda en proveer material de base y de trasfondo.

| | |
|---|---|
| Zaqueo | Lucas 19:1-10 |
| El ladrón en la cruz | Lucas 23:39-43 |
| Nicodemo | Juan 3:1-21 |
| La mujer samaritana | Juan 4:1-42 |
| El ciego de nacimiento | Juan 9 |
| El etíope | Hechos 8:26-40 |
| Saulo de Tarso | Hechos 9:1-22 |
| Cornelio | Hechos 10:1-48 |
| Lidia | Hechos 16:11-15; 40 |
| El carcelero | Hechos 16:23-34 |

*Método:* Asigne a cada discípulo un personaje y pídale que conteste las siguientes preguntas:

a. ¿Cómo era la vida del personaje antes de saber acerca de Jesús?

b. ¿Cómo llegó este personaje a tener una fe personal en Cristo?

c. ¿En qué manera fue cambiada la vida de este personaje?

d. ¿Qué puedo yo aprender de su experiencia?

**C. Un estudio de tópicos relacionados con la salvación**

Cuando el tiempo es limitado, o cuando las personas en el grupo ya tienen algo de conocimiento de la Biblia, estudien tópicos relacionados con la salvación:

*1. Romanos*

a. La necesidad de tener una relación correcta con Dios (Rom. 1:18; 3:20)

b. El método y la provisión para tener una relación correcta con Dios (Rom. 3:21-31)

c. Ejemplo de una persona que tuvo una relación correcta con Dios (Rom. 4:1-25)

d. Los resultados de tener una relación correcta con Dios (Rom. 5:1-11)

e. La vida de los que tienen una relación correcta con Dios (Rom. 6:1-4)

f. La liberación de los que tienen una relación correcta con Dios (Rom. 6:15-23)

g. El compañerismo con Cristo (Rom. 7:1-6)

h. La vida en el Espíritu (Rom. 8:1-17)

i. Cómo enfrenta el sufrimiento un creyente en Cristo (Rom. 8:10-30).

j. La eterna seguridad de aquellos que tienen una relación correcta con Dios (Rom. 8:31-39)

*2. Gálatas*

a. El don de la gracia (Gál. 3:1-9)

b. La maldición de la Ley (Gál. 3:10-14)

c. El pacto que no puede ser cambiado (Gál. 3:15-18)

d. Los efectos del pecado (Gál. 3:19-22)

e. La venida de la fe (Gál. 3:23-29)

*3. Efesios*

a. La vida sin Cristo (Ef. 2:1-3)

b. La obra de Cristo (Ef. 2:4-10)

c. Antes de que Cristo viniera (Ef. 2:11-12)

d. El fin de las barreras (Ef. 2:13-18)

e. Compañerismo con Dios (Ef. 2:19-22)

*Método*

Use las siguientes preguntas para cada uno de los temas:

a. ¿Qué enseña sobre la salvación esta porción de las Escrituras?

b. ¿Cuál es, para mí, el versículo más significativo?

c. ¿Cómo afecta mi vida esta lección?

*Precaución*

No asigne todos estos capítulos, estudios de personajes o tópicos a la vez. Asigne uno a la vez, con las preguntas correspondientes. Luego, dé tiempo suficiente para la discusión.

*Sugerencia*

Familiarícese usted mismo con estos capítulos, estudios sobre personajes, y tópicos. Serán de bendición para usted y le ayudarán a proveer la dirección para la persona a quien usted discipula.

*Seguimiento*

Una vez que usted ha guiado a su amigo o amiga católico a una relación personal con Cristo:

- Continúe involucrando a la persona en el estudio de la Biblia.

- Continúe orando con y por su amigo(a). El o ella necesitará de mucho apoyo de su parte y de otros amigos evangélicos.

- Sea paciente. No espere que su amigo(a) cambie todo su sistema de creencias de la noche a la mañana. Puede ser que pasen meses o aun años antes de que se opere una transición completa.

- Evite presionar a su amigo(a) a abandonar su dependencia en reliquias o santos. A medida que él o ella llegue a tener la llenura completa de Cristo, esa dependencia en algo o en alguien dejará de ser necesaria.

- Utilice un plan de discipulado. El plan SIGUEME *(Casa Bautista de Publicaciones)* es un excelente recurso.

# APENDICE

## Ayuda suplementaria

Hay varias maneras en que puede usarse esta sección:

*1. Para ayudar a las personas que testifican a responder a preguntas acerca de las doctrinas de los católicos romanos.* El grupo que ha tomado este curso puede reunirse para orar, unos por otros, mientras testifican a sus amigos católicos romanos, mientras comparten sus progresos al testificar, y mientras estudian algunos de los asuntos clave sobre el catolicismo romano. En cada lección se puede estudiar uno de los asuntos clave que se encuentran en este Apéndice.

*2. Para ayudar a aquellos que ya han recibido a Cristo pero que aún tienen preguntas acerca de las doctrinas de la iglesia.* Se puede usar un programa de discipulado con los siguientes asuntos clave para ayudar a los nuevos creyentes a crecer en su fe y en su conocimiento de Jesucristo.

*3. Para tratar con las preguntas que pueden surgir cuando los testigos comparten inquietudes doctrinales.* Deben tratarse sólo las preguntas que surgen, no la lista completa. Siempre es mejor guiar a los nuevos convertidos en el estudio bíblico para que descubran por sí mismos lo que la Palabra de Dios dice acerca de estos asuntos cruciales.

## Asuntos clave
*Resumen de asuntos doctrinales clave descritos en este estudio*

### I. La Biblia

A los católicos romanos se les está animando a estudiar la Biblia. Los siguientes pasajes animan a los cristianos a estudiar la Palabra de Dios: Juan 5:39; Hechos 17:11; Efesios 6:17; Apocalipsis 1:3.

*A. El siguiente asunto siempre surge cuando se invita a los católicos romanos a participar en un estudio bíblico: ¿Vamos a usar la Biblia católica o la Biblia protestante?*

Se puede usar, para testificar, una Biblia Católica Romana o un Nuevo Testamento con el imprimátur de la Iglesia Católica Romana; sin embargo, es importante que los evangélicos estén bien informados en cuanto a las diferencias que hay entre las dos Biblias.

La diferencia principal son los siete libros deutero-canónicos (llamados también Libros Apócrifos) que contiene la Biblia Católica Romana. Estos libros cubren el período entre el Antiguo Testamento y el Nuevo Testamento, y algunos lo consideran como de cierto valor histórico.

La pregunta básica es: ¿son estos libros apócrifos divinamente inspirados al igual que los otros? Adolfo Robleto da seis razones por las cuales los protestantes no consideran que los libros deutero-canónicos puedan ser considerados como Escritura divinamente inspirada:

*1. Estos libros no se encuentran en el canon hebreo del Antiguo Testamento.*

*2. La introducción de estos libros en la Septuaginta (la versión griega del Antiguo Testamento) fue impropia y accidental (esto fue hecho en Egipto, pero los judíos de Palestina nunca aceptaron estos libros).*

*3. No se hace una sola mención de ellos en el Nuevo Testamento (Jesús nunca citó ni un pasaje de estos libros).*

*4. Estos libros no recibieron la aprobación de la Iglesia Católica Romana durante muchos siglos (no fue sino hasta el Concilio de Trento en 1546 que estos libros fueron declarados canónicos).*

*5. Algunos de los autores de los libros apócrifos reconocieron su carencia de inspiración (véase 1 Macabeos 4:44; 9:27; 2 Macabeos 2:23; 5:39).*

*6. Estos libros contienen pasajes que van en contra de la revelación doctrinal de la Biblia (Tobías 4:10, por ejemplo, dice: "Por cuanto la limosna libra de todo pecado y de la muerte eterna, y no dejará caer el alma en las tinieblas del infierno.")*[48]

**B. Otra pregunta relacionada con este asunto es: ¿Cuál es nuestra fuente de autoridad, la Biblia o la tradición?**

La tradición es esa fuente de conocimiento que es transmitida oralmente de una generación a otra. Los Documentos del Vaticano II enseñan que: "La tradición sagrada y la Escritura Sagrada forman un depósito sagrado de la Palabra de Dios, el cual es encomendado a la Iglesia."[49] Los católicos romanos usan dos versículos bíblicos para apoyar este argumento de que la tradición y las Escrituras tienen la misma autoridad: Juan 21:25 y 2 Tesalonicenses 2:15.

El primer pasaje dice: "Y hay también otras muchas cosas que hizo Jesús, las cuales si se escribieran una por una, pienso que ni aun en el mundo cabrían los libros que se habrían de escribir." Esta es una verdad innegable. Deben, sin embargo, hacerse dos declaraciones a manera de explicación:

---

[48] Adolfo Robleto, *Un Vistazo a la Doctrina Romana: Interpretación a la Luz del Segundo Concilio Vaticano* (El Paso, Texas: Casa Bautista de Publicaciones, 1984), p. 62.

[49] Abbott, *The Documents of Vatican II*, p. 117.

1. *Si el Espíritu Santo inspiró ambos pasajes, no deben contradecirse entre sí.*

2. *La Escritura que es esencial para la salvación está incluida en el canon protestante.*[50] Juan dice muy claramente esto al afirmar: "Hizo además Jesús muchas otras señales en presencia de sus discípulos, las cuales no están escritas en este libro. Pero éstas se han escrito para que creáis que Jesús es el Cristo, el Hijo de Dios, y para que creyendo, tengáis vida en su nombre" (Juan 20:30, 31). En el otro pasaje, la referencia es muy clara. 2 Tesalonicenses 2:15 habla acerca de la doctrina que habían recibido de Pablo. Esta es la doctrina expresada en el contenido de la epístola.

Las Escrituras hablan muy claramente en contra de las tradiciones de los hombres que contradicen lo que dice la Biblia. Los textos claramente hablan acerca de la suficiencia absoluta de la Palabra de Dios (véase Mat. 15:7-9; Marcos 7:13; Col. 2:8; 2 Tim. 3:14-17).

Un punto mencionado anteriormente debe enfatizarse nuevamente aquí. Podemos usar la Biblia Católica Romana o una versión que tenga el imprimátur de la Iglesia Católica a fin de vencer los obstáculos para testificar. En las situaciones para discipular debemos poder contestar las preguntas relacionadas con el lugar que tiene la Biblia en nuestra vida personal y en nuestras iglesias.

## II. La confesión

### A. ¿A quién debemos confesarnos?

La Iglesia Católica Romana enseña que Cristo dio a los apóstoles el poder de perdonar los pecados.[51] El observar el sacramento de la confesión significa que a los católicos

---

[50] Véase Robleto, *Un Vistazo a la Doctrina Romana*, p. 53.
[51] Véase Martin Farrell, *The New American Catechism* (Des Plains, Ill.: FARE, Inc., 1978), p. 96.

romanos se les insta a confesar sus pecados al sacerdote.[52]
La pregunta que necesitamos contestar es: De acuerdo con
la Biblia, ¿a quién debemos confesarnos?

En Lucas 24:47, Jesús recordó a sus discípulos que "el
arrepentimiento y el perdón de pecados..." sería predicado en su nombre... "en todas las naciones". En Hechos
8:22, el apóstol Pedro reprendió a Simón, el mago y dicién-
dole: "Arrepiéntete, pues, de esta tu maldad, y ruega a
Dios, si quizá te sea perdonado el pensamiento de tu
corazón." Nótese que Pedro no le dice a Simón que debe
confesarse con *él*, ni intenta él absolver o perdonar a
Simón. Al contrario, Pedro le dice a Simón que ore al
Señor. En Hechos 10:43, Pedro explica a Cornelio que
todo el que cree en Jesús recibe el perdón en su nombre.
Pedro no le dice a Cornelio que se tiene que confesar con
él. En Hechos 13:38, Pablo recuerda a sus oyentes que por
medio de Jesús, el perdón de los pecados les es predicado
a ellos.

La Biblia enseña que la confesión debe hacerse al Señor.
En 1 Juan 1:9 leemos: "Si confesamos nuestros pecados, él
es fiel y justo para perdonar nuestros pecados, y
limpiarnos de toda maldad" (estúdiense también Salmo
32:5; 51:4; 2 Sam. 12:13; Dan. 9:9).

Mientras que encontramos en la Biblia conceptos tales
como la confesión recíproca (ver Santiago 5:16) y confesión pública previa al bautismo (ver Mateo 3:6), no hay
ninguna enseñanza en las Escrituras que diga que la gente
debe confesarse con un sacerdote.

### B.¿ Qué en cuanto a las llaves del reino?

Los católicos romanos enseñan que las llaves del reino
mencionadas por Jesús representaban el derecho de los
apóstoles a perdonar pecados. Al examinar las Escrituras,

---

[52] Véase Martin Farrell, *The New American Catechism* (Des Plains, Ill.:
FARE, Inc., 1978), p. 96.

podemos contestar las siguientes preguntas presentadas por Brewer:[53]

*1. ¿Qué eran las llaves del reino?* Al estudiar los siguientes pasajes podemos ver claramente que las llaves eran el mensaje de salvación. En 1 Juan 1:5 vemos que Juan tuvo el cuidado de comunicar "...el mensaje que hemos oído de él". Es la respuesta a este mensaje, lo que da como resultado la salvación, y no la actividad o la declaración de un siervo de Cristo. 1 Juan 1:9 explica: "Si confesamos nuestros pecados, él es fiel y justo para perdonar nuestros pecados, y limpiarnos de toda maldad." No hay ninguna indicación aquí de que Juan se ve a sí mismo como un dispensador del perdón de Dios fuera de la proclamación del mensaje de salvación.

Lo mismo se puede decir en cuanto a Pedro. En Hechos 8:22, no ofrece perdonar a Simón (el mago), más bien lo insta a orar pidiendo que Dios le perdone el pensamiento de su corazón. En Mateo 28:19, 20 vemos una vez más que las llaves del reino son el mensaje del evangelio, el cual los apóstoles fueron comisionados a proclamar en todo el mundo.

*2. ¿Fueron dadas sólo a Pedro?* En los siguientes pasajes se declara que las llaves del reino (el mensaje de salvación), no fueron dadas solamente a Pedro. En Mateo 18:18-20 y Juan 20:22, 23, la Gran Comisión fue dada a todos los apóstoles (con excepción de Judas) por Jesús antes de su ascensión. Puede entonces afirmarse que los otros apóstoles también tenían las llaves del reino porque tenían el mensaje de salvación para proclamar.

---

[53] Para una discusión sobre esto, véase Brewer, *"The Fallacy of Catholicism,"* (audiocasete), Mission to Catholics, P.O. Box 19280, San Diego, CA, 92119.

### C. ¿Qué en cuanto a intermediarios? ¿Podemos ir directamente a Cristo?

Como se ha dicho antes, la Iglesia Católica Romana enfatiza el papel de la iglesia, de María y de otros intermediarios (o mediadores).

El estudio de las Escrituras muestra a Jesús enseñando a sus seguidores que debemos ir directamente a él con nuestras oraciones, alabanza y peticiones. En Juan 10:9, Jesús dice: "Yo soy la puerta; el que por mí entrare, será salvo." En Juan 14:6, Jesús declara: "Yo soy el camino, y la verdad, y la vida; nadie viene al Padre, sino por mí." Jesús no habla de mediadores a través de los cuales se puede llegar a él. Los apóstoles entendieron esto con toda claridad.

Ante el sumo sacerdote, quien era visto por muchos judíos como un mediador, Pedro declaró: "Y en ningún otro hay salvación; porque no hay otro nombre bajo el cielo, dado a los hombres, en que podemos ser salvos" (Hechos 4:12). Pablo hizo énfasis en esto cuando escribió a Timoteo: "Porque hay un solo Dios, y un solo mediador entre Dios y los hombres, Jesucristo hombre" (1 Tim. 2:5). Hebreos 7:25 enfatiza claramente el papel de Jesús como nuestro único y suficiente mediador: "Por lo cual puede también salvar perpetuamente a los que por él se acercan a Dios, viviendo siempre para interceder por ellos."

### III. Otro asunto clave es la Misa— ¿Debe Cristo ser sacrificado una y otra vez?

La Iglesia Católica Romana enseña que Jesucristo es sacrificado al celebrarse la Misa. El teólogo católico romano McBrien explica:

> La enseñanza católica oficial (Concilio de Trento) es que la Misa es un verdadero *sacrificio*, no sólo de alabanza, acción de gracias y conmemoración, sino también de expiación por los

vivos y los muertos, sin desmerecer el valor del sacrificio del Calvario. Cristo es la misma víctima y sacerdote en la Eucaristía como lo fue en la cruz, aunque el modo de la ofrenda es diferente en la Misa. El sacrificio en la cruz fue un sacrificio con sangre; el sacrificio en la Misa es sin sangre. No obstante, los frutos de este último sacrificio son los mismos que los del primero. Según se declaró en el Concilio de Trento: "el sacrificio de la Misa es ofrecido, no sólo para expiar los pecados y satisfacer las necesidades de los fieles que aún viven, sino también por los que han partido en Cristo, quienes aún no han sido plenamente limpios."[54]

Hay un concepto importante en esta declaración, el cual debe examinarse a la luz de las Escrituras: ¿Fue suficiente para nuestra salvación el sacrificio original de Cristo, o debe él ser sacrificado cada vez que se celebra la Misa?

La Biblia nos habla acerca de sacrificios de *alabanza.* Hebreos 13:15 dice: "Así que, ofrezcamos siempre a Dios, por medio de él, sacrificio de alabanza, es decir, fruto de labios que confiesan su nombre." El autor de Hebreos expresa muy claramente que nuestro sacrificio es uno de alabanza.

La Biblia también habla de sacrificios *espirituales.* Primera de Pedro 2:5 dice: "Vosotros también, como piedras vivas, sed edificados como casa espiritual y sacerdocio santo, para ofrecer sacrificios *espirituales* aceptables a Dios por medio de Jesucristo." Aquí Pedro está diciendo que todos los cristianos son sacerdotes. La implicación es que no se necesitan otros sacerdotes, excepto Jesucristo mismo (los sacrificios son aceptables "por medio de Jesucristo"). Pedro dice que estos sacrificios son *espirituales.* No se hace mención del sacrificio "sin sangre en la Misa".

Primera de Pedro 3:18 habla de la finalidad del sacrificio de Jesús: "Porque también Cristo padeció una sola vez por los pecados, el justo por los injustos para llevarnos a

---

[54] McBrien, *Catholicism*, p. 763.

Dios, siendo a la verdad muerto en la carne, pero vivificado en espíritu."

Nótese que Pedro no dice que Jesús fue ofrecido repetidas veces (ni por sacrificios con sangre o sin sangre) para la salvación del mundo. La Escritura lo dice muy claramente: él murió **una vez y para siempre**.

Hebreos 10:18 enfatiza el tiempo presente histórico de la eficacia del sacrificio de Jesucristo, cuando declara: "Pues donde hay remisión de éstos, no hay más ofrenda por el pecado."

Varios pasajes en Hebreos tratan el mismo asunto. Hebreos 7:26, 27 dice: "Porque tal sumo sacerdote nos convenía: santo, inocente, sin mancha, apartado de los pecadores, y hecho más sublime que los cielos; que *no tiene necesidad cada día*, como aquellos sumos sacerdotes, *de ofrecer primero sacrificios* por sus propios pecados, y luego por los del pueblo; porque esto lo hizo una vez para siempre, ofreciéndose a sí mismo." (Itálicas del autor).

Otros pasajes que recalcan este mismo punto importante son Hebreos 9:25-28 y Hebreos 10:10-12. No es solamente un pasaje, sino muchos los que enfatizan que Jesús es nuestro Sumo Sacerdote. En él, todos somos sacerdotes, y su precioso sacrificio en la cruz fue adecuado para nuestra salvación. *No se necesita ningún otro sacrificio de Cristo. El murió una vez y para siempre.*

**IV. Un cuarto asunto clave es la cabeza de la iglesia— ¿Quién es la cabeza de la iglesia?**

*Los Documentos del Vaticano II* declaran:

Con el fin de que el episcopado pudiera ser uno e indivisible, El (Cristo), puso al bendito Pedro sobre los otros apóstoles y lo instituyó como una fuente y fundamento permanente y visible de unidad de fe y comunión. Toda esta enseñanza sobre la institución, la perpetuidad, la fuerza y la razón para la primacía sagrada del Pontífice Romano y su infalible autoridad de enseñanza, este sagrado Sínodo propone nuevamente que sea firmemente creída por todos los fieles.[55]

Bartholomew F. Brewer, un ex sacerdote católico romano y autor de *Peregrinación desde Roma*, hace las siguientes observaciones con relación a la enseñanza católica romana de que la iglesia fue edificada sobre Pedro:[56]

### A. Pedro no actuó como si él fuera la cabeza de la iglesia

En Hechos 8:14, los apóstoles enviaron a Pedro y a Juan a examinar el ministerio de Felipe en Samaria. No fue Pedro quien envió a alguien. El fue enviado por los apóstoles.

En Hechos 10:25, 26, cuando Cornelio cayó postrado a los pies de Pedro en reverencia, Pedro le dijo: "Levántate, pues yo mismo también soy hombre."

En 1 Pedro 5:1, Pedro se refiere a sí mismo como "yo anciano también con ellos". No hay evidencia de que él se haya considerado como si tuviera autoridad sobre los otros apóstoles.

### B. Los otros apóstoles no actuaban como si Pedro fuera la cabeza de la iglesia

En el concilio de Jerusalén (Hechos 15) no fue Pedro, sino Santiago, quien propuso la solución al problema que estaba en discusión.

En Gálatas 2:1-10, Pablo describió su viaje a Jerusalén para encontrarse con los líderes (Santiago, Pedro y Juan). Nótese que no se reunió sólo con Pedro. Como resultado de esta reunión, se acordó que Pablo y Bernabé enfocaran su ministerio a los gentiles. Los líderes, incluyendo a Pedro, irían a los judíos. El ministerio de Pedro no fue visto como universal.

---

[55] Abbot, *The Documents of Vatican II*, p. 38.
[56] Brewer, *The Primacy of Peter*.

### C. Pedro mismo dijo que Jesús es la cabeza de la iglesia

En 1 Pedro 2:6, 7, Pedro usó dos pasajes del Antiguo Testamento[57] para demostrar que Jesús es la cabeza de la iglesia: "'He aquí, pongo en Sion la principal piedra del ángulo, escogida, preciosa; y el que creyere en él, no será avergonzado.' Para vosotros, pues, los que creéis, él es precioso; pero para los que no creen, 'La piedra que los edificadores desecharon, ha venido a ser la cabeza del ángulo'; y 'Piedra de tropiezo, y roca que hace caer.'"

### D. Las epístolas enfatizan que Jesús es la cabeza de la iglesia. (Véase 1 Cor. 3:11; Ef. 1:22; 2:20, 21; 5:23; Col. 1:18)

¿Qué en cuanto a Mateo 16:18? La frase "sobre esta roca", ¿se refiere a Pedro o a su confesión de que Cristo era el Hijo del Dios viviente?

Brewer aclara un punto importante cuando llama la atención al hecho de que en el original (el idioma griego), las palabras para "Pedro" y "roca", son dos palabras diferentes. El texto dice: "Tú eres Pedro (*Petros*) y sobre esta roca (*Petra*) edificaré mi iglesia." *Petros* se refiere a una piedra pequeña, mientras que *Petra* se refiere a una roca grande, una roca enorme y sólida. Jesús dijo: "Sobre esta roca, (no 'sobre ti'), edificaré mi iglesia" (*paréntesis de la traductora*). La *Petra* (roca enorme y sólida) sobre la cual ha sido edificada la iglesia, es la confesión de que Jesús es el Hijo del Dios viviente. Como cristianos, todos somos piedras pequeñas en el edificio espiritual, pero Jesús es la roca grande y sólida, la piedra angular sobre la cual está fundada su iglesia (véase 1 Pedro 2:4, 5).[58]

El argumento más fuerte en todo esto es que Jesús es visto como el fundamento sobre el cual ha sido edificada su iglesia. En Mateo 21:33-46, Jesús se identifica como la principal cabeza del ángulo que desecharon los edifi-

---

[57] Isaías 28:16 y Salmo 118:22.
[58] Ibid.

cadores. También debe destacarse lo que Jesús afirma en Mateo 16: "*Yo*... edificaré mi iglesia" (itálicas del autor).

## V. Un quinto asunto clave es en cuanto a la Virgen María— ¿Qué lugar ocupa la Virgen María en la Biblia?

Varias enseñanzas católicas romanas acerca de María deben ser examinadas a la luz de las Escrituras: (a) Que ella fue concebida sin pecado (esta es la doctrina de la inmaculada concepción de María);[59] (b) que ella permaneció siempre virgen (que no tuvo otros hijos aparte de Jesús);[60] (c) que ascendió al cielo en cuerpo y alma;[61] (d) que ella es mediadora (intercesora, y por lo tanto las personas pueden orar a ella).[62]

### A. *Los católicos romanos basan la doctrina de la inmaculada concepción de María en la frase que se traduce "llena de gracia" en algunas versiones (Lucas 1:28).*

El argumento de los católicos es que si ella fue llena de gracia no puede haber pecado. Realmente la traducción de esta frase en las versiones católicas más modernas es más exacta: "tú eres muy favorecida."[63] La frase "ser llenos de gracia", fue usada para otras personas (ver Hechos 4:33); sin embargo, esto no significa que ellos fueran sin pecado.[64] Más aún, estúdiese Lucas 1:47 y véase el término que María usa para referirse a Dios. ¿Refleja esto su necesidad de la gracia de Dios? La respuesta es: "sí".

---

[59] Abbott, *The Documents of Vatican II*, p. 88.
[60] Véase McBrien, *Catholicism*, pp. 71-72.
[61] Abbott, *The Documents of Vatican II*, p. 91.
[62] Ibid.
[63] Véase *The New Jerusalem Bible*.
[64] David Hocking aclara este punto en relación con Stephen en "Mary, Purgatory, and the Pope," (audiocasete), Mission to Catholics, P.O. Box 19280, San Diego, CA 92119.

**B. La Iglesia Católica Romana enseña que María se conservó siempre virgen.**

Como evangélicos creemos que hay apoyo bíblico para creer que María era virgen antes del nacimiento de Jesús. Esto se conoce como la virginidad *ante partum*, (antes del parto) de María. El Nuevo Testamento sí habla de que María tuvo más hijos. Marcos 3:32 dice: "Y la gente que estaba sentada alrededor de él le dijo: Tu madre y tus hermanos están fuera, y te buscan." Algunos católicos romanos dan la explicación de que estos eran realmente primos de Jesús.

José Borrás, un ex sacerdote católico romano, explica que el Nuevo Testamento usa diferentes palabras para primos y para hermanos.[65] Lucas 1:36 dice: "Y he aquí tu parienta Elisabet, ella también ha concebido hijo." El griego usa diferentes palabras: para "pariente" *sugenis* (en Lucas 1:36); para "primo" *anepsios* (en Col. 4:10); y para "hermano" *adelfos*. Esta palabra es usada en Mateo 4:18, que habla de Simón Pedro y su *adelfos* Andrés. Esta es precisamente la palabra usada en Marcos 3:32: "Tu madre y tus *adelfoi* (plural) están afuera." Esta misma palabra se usa en Marcos 6:3 donde se dan los nombres de los hermanos de Jesús (Jacobo, José, Judas y Simón). Véase también Mateo 12:46; 14:55, 56; Lucas 8:19-21; Hechos 1:14; Gálatas 1:19. Estos pasajes muestran claramente que María tuvo otros hijos. Debe hacerse énfasis en que este asunto no es esencial para la salvación (véase Hechos 16:31; Rom. 5:11).[66]

No es sabio hacer demasiado énfasis en esto al testificar a personas de trasfondo católico romano. Sin embargo, en

---

[65] Borrás, "¿Qué Creen los Evangélicos Sobre María?" (What Do Evangelicals Believe About Mary?), (audiocasete), Sammy Fuentes Evangelistic Association, 4910 Branscomb, Corpus Christi, TX, 78411.

[66] Ibid.

el proceso de discipulado es buena idea ayudarlos a estudiar estos pasajes de las Escrituras.

### C. La Iglesia Católica Romana enseña la doctrina de la asunción de María.

Los Documentos del Vaticano II declaran:

> Finalmente, preservada de toda culpa de pecado original, la Inmaculada Virgen fue llevada, en cuerpo y alma, a la gloria celestial después de haber cumplido su permanencia en la tierra. Fue exaltada por el Señor como Reina de todo, para que pudiera ser más completamente conformada a su Hijo, el Señor de señores (comp. Apoc. 19:16) y vencedor del pecado y de la muerte.[67]

Una tradición dice que se mandó llamar a los apóstoles cuando María enfermó. Todos los apóstoles, con excepción de Tomás, llegaron antes de que ella muriera. Sin embargo, al ser Tomás transportado hacia allí en una nube, él vio el cuerpo de María ascendiendo al cielo. Al llegar a donde estaban los apóstoles, les dijo lo que había visto. Ellos entonces fueron al sepulcro y lo encontraron vacío.[68]

Lo interesante de todo esto (y otras tradiciones similares), es que no se hace ninguna mención de ellas en las Escrituras; ni siquiera por Juan, a quien María fue confiada, y él sobrevivió a la muerte de ella. Juan más tarde cita las palabras de Jesús, sin añadir ninguna explicación como lo hizo en otras ocasiones (ver 4:9; 21:20-23), "Nadie subió al cielo, sino el que descendió del cielo; el Hijo del Hombre, que está en el cielo" (Juan 3:13). De haber ascendido María al cielo, Juan lo habría mencionado con una nota de explicación.[69] No existe ninguna base bíblica para la doctrina de la asunción de María.[70]

---

[67] Abbott, *The Documents of Vatican II*, p. 90.
[68] Para una descripción más completa de esta y otras tradiciones, véase Robleto, *Un Vistazo a la Doctrina Romana*, pp. 92-94.
[69] Ibid., p. 96
[70] Ambos, Borrás y Hocking aclaran este punto.

### D. La Iglesia Católica Romana enseña que María es co-mediadora con Cristo

Hay varias implicaciones en esto:

*1. Primeramente, esto significa que María es intercesora.* El argumento que algunos católicos romanos usan es que si necesitamos ayuda de alguien, la persona más lógica para persuadirlo es su madre. Aunque esto es lógica humanamente impecable, no es una teología correcta.

La Biblia enseña explícitamente que Jesús es el mediador por virtud de su muerte por los pecados de la humanidad. Primera Timoteo 2:5, 6 declara: "Porque hay un solo Dios, y un solo mediador entre Dios y los hombres, Jesucristo hombre." Las Escrituras también señalan que Jesucristo está a la diestra de Dios (ver Rom. 8:34). Primera Juan 2:1 lo expresa aun más claramente: "Hijitos míos, estas cosas os escribo para que no pequéis; y si alguno hubiere pecado, abogado tenemos para con el Padre, a Jesucristo el justo." María no es mencionada en ninguna de las Escrituras como cumpliendo las funciones de mediador o intercesor que han sido asignadas a Cristo. En ninguna parte de las Escrituras se menciona que María esté a la diestra del Padre (estúdiense también Ef. 2:18; Heb. 4:15, 16).

*2. La segunda implicación de esta doctrina católica romana es que la gente puede venerar (rendir culto) a María.* Los católicos romanos informados hacen una distinción entre las palabras griegas *latría*, que significa adoración debida a Dios; *dulía*, la cual significa "veneración dada a los santos (esto incluye honrar a los santos y buscar su intercesión para con Dios)[71]"; e *hyperdulía*, que no es completamente adoración, pero sí es más que veneración. *Hyperdulía* es la palabra que se usa para describir lo que ocurre en relación

---

[71] Felician, *Catholic Almanac*, p. 360.

con María. De acuerdo con el Almanaque Católico, *hyperdulía* es "la veneración especial dada a la Virgen María por su papel único en el misterio de la redención, sus excepcionales dones de gracia de Dios, y su preeminencia entre los santos."[72]

Oficialmente, entonces, los católicos romanos no adoran a María, "sólo Dios es adorado."[73] Sin embargo, en la práctica muchos católicos romanos no hacen esta distinción y adoran a la Virgen María igual que a Dios o a Cristo. En muchos países, se hace más énfasis en María que en Cristo. Como Robleto lo explica:

> Diariamente, en el pueblo romanista, se le reza mayor número de oraciones a María que a Jesucristo; durante el año son más las fiestas que se celebran en honor a María que las que se celebran en honor a Jesucristo. En muchas ciudades existen más templos dedicados a María que los que están dedicados a Jesucristo. No es exageración decir que la fe católica gira alrededor de María, en una proporción muy grande. A ella se le dan títulos sumamente elevados; enteras órdenes monásticas se consagran a ella; se le atribuyen muchísimas apariciones extraordinarias, y una infinidad de milagros. A sus imágenes le prenden candelas y le colocan flores y las llevan en procesiones públicas.[74]

Es extremadamente importante que se haga énfasis en las palabras de Jesús: "Al Señor tu Dios adorarás, y a él sólo servirás" (Lucas 4:8).

En resumen, no existe una base en el Nuevo Testamento para las doctrinas de la virginidad perpetua (que no tuvo otros hijos), la inmaculada concepción (que nació libre del pecado original) y la asunción en cuerpo y alma al cielo de María. Los evangélicos no necesitamos creer estas doctrinas católicas romanas para tener un alto concepto de María. Siempre podemos hacer énfasis en su conducta

---

[72] Ibid. p. 366
[73] Ibid.
[74] Robleto, *Un Vistazo a la Doctrina Romana,* p. 65.

santa, su obediencia, su fe, y su disposición de dirigir la atención de la gente hacia Jesús.

Como Borrás lo dice:

> María merece nuestro aprecio y nuestro amor, así como nuestro más sincero reconocimiento de que fue una mujer piadosa, humilde, conocedora de las Escrituras y llena de fe, y que fue escogida por Dios para llevar en su seno al Redentor del mundo. Por eso, como dijera el ángel al anunciarle el privilegio que Dios le había concedido, será siempre bienaventurada por todas las generaciones... La mejor manera de honrar a María es obedecer sus propias palabras, cuando en la celebración de las bodas en Caná de Galilea, y refiriéndose a su Hijo, dijo: "Haced todo lo que (él, Jesús) os dijere" (Juan 2:5).[75]

## VI. El sexto asunto clave es el purgatorio—¿Existe un purgatorio?

La teología católica romana enseña que el purgatorio es un lugar intermedio entre la muerte y el juicio final. El alma del fiel que muere en pecado venial va al purgatorio a purgar su pecado. Hay divergencia de opiniones en cuanto a la clase de sufrimiento y el lugar donde esto ocurre. Sin embargo, el concepto del purgatorio es una doctrina oficial de la Iglesia Católica Romana.

La doctrina sobre el purgatorio no llegó a ser oficial sino hasta el Concilio de Florencia en 1439. El subsiguiente Concilio de Trento "definió la existencia del purgatorio, insistió en que las almas detenidas allí son ayudadas por los actos de intercesión de los fieles, y especialmente por el sacrificio de la Misa."[76]

Hay tres pasajes del Nuevo Testamento que algunos católicos romanos usan para apoyar la doctrina sobre el purgatorio: Mateo 5:26; 12:32; 1 Corintios 3:15. El primer

---

[75] Borrás, *¿Qué Creen los Evangelicos Sobre María?*
[76] McBrien, *Catholicism*, p. 1144.

pasaje habla de una situación terrenal con un juez terrenal; el segundo pasaje habla acerca del pecado contra el Espíritu Santo, el cual no es perdonado en esta vida ni en la venidera. Este pasaje contradice el concepto del purgatorio, el cual afirma que una persona puede ser perdonada después de la muerte. El tercer pasaje usa la analogía del fuego para explicar cómo serán probadas las obras de los cristianos (no la gente, sino las obras que hacen).

Los católicos romanos basan la doctrina del purgatorio especialmente en 2 Macabeos 12:39-46. Este pasaje describe el evento durante las guerras macabeas, cuando se encontraron "objetos consagrados a los ídolos de Jamnia" (v. 40) bajo las túnicas de los soldados judíos que habían muerto en la batalla. Judas Macabeo consideró esto una profanación. Levantó una colecta entre los soldados y envió una ofrenda a Jerusalén para que se ofreciera un sacrificio expiatorio por los pecados de los soldados. Varias observaciones deben hacerse con relación a este pasaje.

*1. Primero,* el libro de Macabeos está describiendo una práctica *judía,* no una práctica *cristiana.*[77]

*2. Segundo,* este pasaje habla sobre la creencia en la *resurrección,* no la creencia en el *purgatorio.*

*3. Tercero,* este pasaje, de acuerdo con la teología católica romana, tendría que referirse al pecado *mortal* (idolatría). Un pecado mortal tiene como resultado que una persona va al infierno, no al purgatorio.[78]

Un examen de estos pasajes nos lleva a estar de acuerdo con el teólogo católico romano, Richard McBrien: "No existe, para ningún propósito práctico, una base bíblica para la doctrina del purgatorio."[79]

---

[77] Hocking aclara este punto.

[78] Para una discusión sobre esto, véase Robleto, *Un Vistazo a la Doctrina Romana,* pp. 110, 111.

[79] McBrien, *Catholicism,* p. 1143. McBrien afirma: "Esto no quiere decir que no haya ninguna base para la doctrina, sino solamente que no existe ninguna base bíblica clara en cuanto a ella."

Para una consideración completa sobre el perdón de Cristo y la seguridad en cuanto a la salvación, se recomienda estudiar Lucas 23:43; 2 Corintios 5:8, 9; Mateo 25:31-46, 1 Juan 5:13; 1 Juan 1:7.

## Conclusión

Esta sección ha sido incluida como ayuda para guiar a las personas que tienen preguntas sinceras y quienes están abiertas a hacer un estudio de la Palabra de Dios. Su propósito *no es el de proveer material para discutir* con personas a quienes estamos tratando de guiar al Señor. También se puede usar esta sección para guiar a los nuevos creyentes en su proceso de aprendizaje y crecimiento en su fe. Además, puede ser usada en combinación con una guía de discipulado, tal como SÍGUEME o EL PLAN MAESTRO *(Casa Bautista de Publicaciones)*. La siguiente información también puede ayudar a formular un plan específico para compartir las buenas nuevas con tipos específicos de personas.

## GRUPOS DENTRO DEL CATOLICISMO

La Iglesia Católica Romana no es un grupo monolítico; está formada por numerosos grupos que tienen diferentes grados de devoción y con diferentes puntos de vista con relación a los cambios que surgieron del Vaticano II.
El siguiente diagrama muestra a algunos de estos grupos.

## Tácticas a usar con varios grupos católicos

| | Conocimiento Bíblico | Preguntas | Enfoque |
|---|---|---|---|
| **El católico tradicional** | Alguno | ¿Cuáles son los cambios en las prácticas tradicionales de la iglesia? | Enfocar sobre el Cristo inmutable |
| **El católico progresivo** | Mayor | ¿Cuál es el significado de los cambios del Segundo Concilio Vaticano? | Afirmar cambios; usar éstos como puertas abiertas para estudio bíblico |
| **El católico nominal** | Casi nulo | Las preguntas están más relacionadas con las devociones personales: los santos, la Virgen María | Lograr que participen en el estudio bíblico. Mostrar cómo la fe personal en Cristo puede hacer una diferencia en la vida diaria. |
| **El católico cultural** | Casi nulo | Las preguntas se relacionan con la identidad cultural y la práctica del catolicismo romano. "Ser italiano es ser católico." | Estudio bíblico a largo plazo. Mostrar cómo una fe personal en Cristo puede hacer una diferencia en la vida. |
| **El católico carismático** | Generalmente bueno | ¿Cuál es la diferencia entre católicos y evangélicos? | Asegurarse de que ellos tienen un entendimiento bíblico de lo que significa recibir a Cristo. Lograr que participen en estudios de discipulado bíblico. |

## ESTACIONES LITURGICAS DEL AÑO

Hay días señalados durante el año cuando la atención de nuestros amigos católicos se enfoca en Cristo. Estos son los mejores para hablarles acerca de su relación personal con Cristo e invitarlos a que participen en un estudio bíblico regular.

**Adviento**: Este período empieza cuatro semanas antes de Navidad. Durante las dos primeras semanas los católicos hacen un énfasis especial en la venida final de Cristo como Señor y Juez al final del mundo. De diciembre 17 a diciembre 24, el énfasis se cambia a una anticipación de su natividad en las fiestas de la Navidad.[80]
Lecturas bíblicas: Pasajes que traten sobre el Mesías.

**La época de Navidad**: Este período se abre con la fiesta de la Navidad, (Diciembre 25), y dura hasta el domingo después de la Epifanía[81] (Enero 6). El bautismo del Señor observado el domingo siguiente a la Epifanía marca el final de la época de Navidad.[82]

**La cuaresma**: La estación penitencial de la cuaresma empieza el Miércoles de Ceniza, el cual ocurre entre febrero 4 y Marzo 11, dependiendo de la fecha del Domingo de Resurrección (Pascua). Tiene seis domingos y 40 días de entre semana. La culminante última semana es llamada la Semana Santa. Los últimos tres días (Jueves Santo, Viernes Santo y Sábado Santo) son llamados el "Tridum Pascual".[83]
Lecturas bíblicas: pasajes del bautismo y penitenciales.

---

[80] Véase *Catholic Almanac*, p. 285.
[81] Epifanía significa la manifestación de Dios a los gentiles (los sabios del Oriente). Véase Williams, *Contemporary Catholic Catechism*, p. 37.
[82] Ibid., p. 285.
[83] Ibid., p. 285.

**Tiempo de Pascua**: Este período, cuyo tema es la resurrección del pecado a la vida de gracia, dura 50 días, de Domingo de Resurrección al Pentecostés. El Domingo de Resurrección, el primero después del equinoccio invernal, ocurre entre marzo 22 y abril 25. La fase final del Tiempo de Pascua, entre la fiesta de la Ascensión del Señor y el Pentecostés, recalca la anticipación de la venida y la acción del Espíritu Santo.[84]

Lecturas bíblicas: Hechos de los Apóstoles y Evangelio según Juan.

**Período ordinario**: Este período ocurre entre Navidad y la Cuaresma: Incluye también todos los domingos después de Pentecostés hasta el último domingo del año litúrgico. El propósito general de este período es enfocar en el tema de la historia de la salvación.[85]

**Nota:** Durante estos días especiales se insta a  los católicos a leer la Biblia y a orar. Esto ofrecerá una maravillosa oportunidad para que invite a sus amigos católicos a unirse a usted en el estudio de la Biblia y en la oración.

---

[84] Ibid., pp. 258-259.
[85] Ibid., p.  286.

# GLOSARIO

Hay muchos términos con los que los no-católicos tal vez no estén familiarizados. Incluimos aquí aquellos que se relacionan con este estudio. Para una lista más extensa, ver el *Catholic Almanac* (Almanaque Católico), el cual se encuentra en la lista de Lecturas que Se Sugieren. Estas definiciones representan el punto de vista católico romano.

**Absolución:** El acto por medio del cual un sacerdote autorizado concede el perdón de los pecados.

**Adoración:** El más alto grado de adoración dirigido sólo a Dios.

**Cenizas:** La ceniza de las ramas de palma quemadas durante la estación de Cuaresma y puesta en las frentes de las personas (generalmente el Miércoles de Ceniza) para recordarles que son polvo y al polvo volverán.

**Asunción:** Cuando María fue llevada al cielo (en cuerpo y alma).

**Catecismo:** La instrucción de los católicos romanos en la doctrina de su iglesia. El formato es generalmente de preguntas y respuestas.

**Eucaristía:** El sacramento de la Cena del Señor, en el cual el pan y el vino se convierten en el cuerpo y la sangre de Cristo.

**La Inmaculada Concepción:** La doctrina que enseña que María fue concebida sin pecado.

**Penitencia**: Un sacramento que hace énfasis en el pesar interno por el pecado y los actos externos de expiación.

**Purgatorio**: El estado o condición en el que aquellos que mueren en estado de gracia, pero con algo de pecado en sus vidas, sufren hasta que son admitidos en el cielo.

**Rosario**: Una forma de oración que se centra en los eventos importantes en la vida de María y Jesús. Esto incluye la recitación de Avemarías, Padrenuestros y otras oraciones. Se usan cuentas como guías para la oración.

**Sacramento**: Una señal sagrada instituida por Cristo para conferir gracia. En el sacramento de la confirmación, por ejemplo, Cristo confiere el Espíritu Santo.